JN084571

学校プリントから考える

外国人保護者とのコミュニケーション

李 暁燕 編著

Communication with Foreign Guardians:
Contemplating School Newsletters

くろしお出版

はじめに

2008 年 10 月 1 日、忘れもしない、わたしが日本の大学院の博士課程に入学する日でした。3 歳の娘に「水」と「おしっこ」という日本語を覚えさせ、保育園に預けました。親の都合で勝手に日本の北陸地方にある M 保育園に連れてきたのです。先生たちは優しそうですが、わからないことばを喋っていて、娘は目に映っている光景に圧倒されたようで、ボーッとしていました。自分の入学式を控えている母親の私は、申し訳ない気持ちと不安と涙を抑えてあわてて保育園を出ました。

そこから日本の保育園、小学校、中学校、高校…と続く「学校文化」との出会いと生活が始まりました。数日後、連絡帳に「お母さん、クーピーを持ってきてください」と書いてありました。「クーピー」はその後もよく「持ち物」に登場しました。

みなさんは、ご存じでしょうか。「クーピー」とは、色鉛筆とクレヨンのいいところを合わせて開発されたお絵描きのための筆記具の商品名です。「クーピーって何ですか？」とお迎えの時に聞くと、保育士は実物を持ってきてくれました。箱にお絵描き用の 12 色の色鉛筆のようなものが入っていました。「ああ、クレヨンですね」と納得したところを、「いいえ、お母さん、クーピーですよ」と保育士さんは説明するまでもないという様子で、やや苦笑しながら訂正してくれました。

わたしは中国の大学の日本語学科で日本語を学んでいました。修士課程まで進んで、その後、中国の大学で日本語を教えていました。今思えば、教科書で日本語を習って、またその教科書の日本語を教えていたのです。「クレヨン」と言うことばは、教科書で勉強したことがありましたが、商品名である「クーピー」は、もちろん知りませんでした。しかし、わたしが暮らしはじめた北陸地方の保育園や幼稚園では、ごく一般的なことばとして使われていたのです。

何年も日本語を学んでいたので、たいていの日本語はすっかりわかっているつもりだったわたしですが、子どもの教育に使われる日本語がわからないという経験はショックでした。そして、新しい「日本語の世界」がそこから始まりました。

私にわからない「学校文脈で使われている日本語」はよく「紙」の中に現れます。日本は「紙」が大好きな国だと思います。子どもは、毎日、連絡帳を持ち帰ってきます。お昼寝の時間、ご飯の量、遊びのエピソードなど、保育士さんは、細かく情報とメッセージを書いてくれます。中国やヨーロッパの国では、送迎の時に対面でおしゃべりしたり、SNS のチャットで情報交換したりしてすませるのですが、日本では、紙に書いてある情報がとても重要なのです。

子どもが小学校に入ってからは、毎日たくさんのプリントを持ち帰ってくるようになりました。台風などの緊急連絡は、携帯メールでも送信されますが、時間割、持ち物、宿題、お知らせ、給食の献立、インフルエンザの予防法などなど、毎日たくさんの「紙」が届きます。

わたしがわからなかった「学校文脈で使われている日本語」がとりわけたくさん使われているのは、日本の初等・中等教育で学校から保護者へのコミュニケーション手段として使われる「学校プリント」と呼ばれる連絡文書でした。「学校プリント」は、外国人保護者の視点から見ると、「なぜ紙で知らせるの？」からはじまる疑問だらけの世界です。オンラインで意見収集できそうなのに、なんで「切り取り線」のある紙で提出するの？　持ち物に「空き箱」とあるけれど、それはビスケットの金属の缶？　ダンボール？　体操服のゼッケンをつけるのは、手縫いでないといけないの？　といった些細なことが、日常的な悩みになってしまいます。

ある日のプリントには「自由研究」ということばがありました。ある程度日本語ができる外国人保護者は「自由」ということばはわかりますし「研究」ももちろんわかります。しかし「自由研究」という組み合わせになるとわからなくなってしまうのです。

このように、日本で学校教育を受けてきた人たちにはごくふつうに理解できることばが、外国人の保護者にとっては「初めて目にする日本語」であることが、とても多いのです。

ある研究会で学校プリントの研究について発表したとき、やや年配で、小学校の先生をしているという方が来られて「学校プリントには『型』があって、50 年前の『型』を今でも使っていることもありますよ」と教えてくれました。50 年前には、おそらく日本に暮らす外国人保護者は極めてまれだったでしょう。

現在、文部科学省の調査によると、2021 年時点で公立の小中学校には約 5 万 8 千人の「日本語指導が必要な児童生徒」がいます。日本語指導が必要ではないが、日本生まれの外国籍児童や国際結婚家庭の子どもなど、いわゆる「外国にルーツのある児童」もたくさんいます。各地域では外国人児童・生徒に対する日本語支援の必要性は広く認識されていて、それに対する支援体制も少しずつ整えられてきました。

しかし、そのような子どもを育てる外国人保護者のことはあまり考慮されていないようです。日本で生活している外国人保護者の数に関する調査はありません。地域には、日本語支援教室がたくさんありますが、外国人保護者への公的な日本語支援は行われていません。日本に暮らす外国人家族に加え、国際結婚によって日本で暮らして、子どもを学校に通わせている保護者の数を加えると、「日本語指導の必要な児童」の数倍の「日本語支援が必要な保護者」がいると思われます。

外国人居住者のための日本語教育は、地方公共団体や国際交流協会、NPO 法人に代表される各種法人、任意団体により実施されている「日本語教室」により支えられています。しかし、文化庁の調査によると、こうした日本語学習の機会が提供されている地方公共団体は、全国でも約 4 割弱に留まり、多くの地方公共団体では学びの場が確保されていません[1]。地域の日本語教室では、会話中心とする参加型のクラスが多くみられます。

保護者に対する「日本語支援」では、ただ日常会話によく使われる日本語を教えるだけでなく、わたしの経験したような、日本語がわかっていても、理解が難しい「学校文脈で使われている日本語」のことも教える必要があります。中でも、学校からのプリントは、学校側と保護者のコミュニ

1　文化庁平成 30 年度「生活者としての外国人」のための日本語教室空白地域解消推進事業「地域日本語教育スタートアッププログラム報告書」https://www.bunka.go.jp/seisaku/kokugo_nihongo/kyoiku/seikatsusha_startup_program/pdf/r1392717_01.pdf（2023年2月17日閲覧）

ケーションツールとなっているので、学校プリントに使われていることばは、最優先で外国人保護者にその意味を教えるべきです。

外国人保護者に日本の教育を深く理解してもらい、将来の日本社会の一部を支えてくれる子どもを安心して育てられるようになってもらうことが、きわめて重要なことは言うまでもないでしょう。

本書では、「外国人保護者」、「学校の先生」、「日本語教育の研究者」のそれぞれの立場から、学校プリントに着目しながら、外国人保護者と学校・コミュニティ・社会とのコミュニケーション、外国人への支援及び外国人保護者の役割などについて論じています。以下、簡単に紹介します。

パート1では、李は「外国人保護者」の視点から見た日本の学校文化の特徴、学校プリントを読むストラテジーを読者と共有することを心がけ、とりわけ「学校カルチャー語彙」を抽出して分析しました。そして、日本人にとっては「当たり前」のことですが、外国人にわからないような学校及びPTAの「暗黙のルール」について説明し、外国人保護者が地域の方々とのコミュニケーション、またそれによってできた絆やギャップについて、エピソードを交えて書きました。また、PTAに関する改善点、保護者の役割とビジネス連携の可能性、及び双方向のコミュニケーションツールについて提案しました。また、外国人保護者数名によるコラムでは、学校とPTAとのコミュニケーションのあり方について直接発信してもらいました。

パート2では、李、大塚、平山、池田は、教育現場で外国人保護者との付き合いを通じて感じたことや、実践の中で得られた外国人保護者に学校のことを伝えるコツ、外国人保護者と児童を支援するための地域・学校との連携のあり方及び今後の展望について述べました。竹熊・竹熊は、教職課程の視点から見る学校プリントの伝統的価値について論じ、海外の初等教育の事例を取り入れながら学校プリントのこれからの役割を述べました。多田は新たな時代の到来を視野に今後の学校教育の根本的な課題を指摘し、学校教育学の視点から未来志向の学校教育の課題の解決には、帰国子女の活用が有用だと主張しました。

パート3では、日本語教育の研究者の視点から、本田は日本語の書記法の難しさを分析して、学校プリントを読むための外国人保護者支援に関して、仮名と基礎的な漢字が書けるようにならなければならないと提言しています。森は学校プリントの文章を解析し、学校プリントで出現率が高く、重要度が高い文法項目を洗い出して「学校プリントの隠された傾向」を分析しました。奥野は難民や避難民のバックグラウンドをもつ保護者に注目して、シリアからきた方と一緒に学校プリントを読むことで日本の学校文化を共に学ぶことができたと報告しました。山本は日本語、英語以外の言語も教室にいるみんなにとって、宝になる可能性があるという観点から、わからない言語であっても、その言語を使ってみることによって、「言語への目覚め活動」を体験してみようと呼びかけています。

本書は学校プリントに着目して、学校側と外国人保護者とのコミュニケーションについて上記のように多様な視点から考察しました。学校側と外国人保護者とのコミュニケーションのあり方や学校プリントそのものの表現法には、まだ改善される余地があると考えます。本書の付録では「外国人向けの情報作成及び発信のためのチェックリスト」や「学校プリントの改善例」が掲載されているので、教育現場の先生方に少しでも参考になればうれしいです。

本書が、学校や行政が外国人保護者とコミュニケーションを取るためのガイドブックとして、日本在住の外国人の方々が日本の学校文化を知るきっかけとして、地域日本語教室の教材として、国際交流に興味を持っている方々の手掛かりとして、さらには教職課程の参考書としてなど、様々な方に手に取っていただいて、少しでもお役にたてれば執筆者ともどもたいへんありがたく思います。

目　次

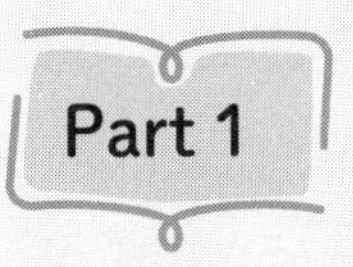

外国人保護者の声

外国人保護者から見る日本の学校プリント

李暁燕（九州大学）

1 日本の紙のツール vs 海外のデジタルツール

21世紀に入って日常生活でもっとも便利になったことの一つは、「脱紙化」でしょう。例えば同窓会を企画する場合は、昔は手紙か葉書に書いてポストに出し、相手からの返事を待たなければならず、参加者を把握するのに少なくても数日間が必要でした。今はメールやSNSでメッセージを送ると即時にコミュニケーションができるようになりました。しかし、こうした世の中のコミュニケーションの「脱紙化」にもかかわらず、日本の学校で保護者とのコミュニケーションツールとして使われているのは主に紙媒体の「学校プリント」というのが現状です。

学校と保護者の間のコミュニケーションツールについて、海外在住の日本人保護者を対象にアンケート調査（李，2016）を通じて、海外諸国での学校と保護者との間のコミュニケーションツールと日本のそれとを比較を試みました。例えば、ヨーロッパとオーストラリアでは、紙のプリントを配布することもありますが、Eメールや電子掲示板が多く使われています。中国在住の日本人保護者によると、プリントよりもWeChat（中国のSNS）がよく使われています。そして、海外の学校の先生によれば、子どもは連絡事項をしっかり記憶して保護者に伝えようとしますし、保護者も分からなければ子どもに聞けば解決できることが多いです。

プリント配布に際しての各種ツールについては、上記の調査によると、海外在住の日本人保護者の方々からそれぞれ特徴が挙げられました。メールや電子掲示板やSNSで伝えてもらう方が紙に比べると無駄がなく、文書管理に便利です。また、メールであれば毎日学校の先生と連絡がとれるので、先生の空いている時間に予約すれば面談することもできます。SNSのWeChatはすぐ連絡できるし、疑問点も共有できます。ただし、WeChatはオンラインでのチャットなので、たくさんのメッセージが入ってくると見落としてしまうこともあります。

日本の学校連絡はシステマチックであることが特徴のひとつです。例えば、日本では年間行事は前年度に決まっていて、月間行事予定表は必ず前もって保護者に配布されます。情報提供のタイミングが早いことは学校プリントのメリットとして挙げられます。しかし、子どもはプリントをなくしたり、渡し忘れたりすることもありうると考えられます。そして、電子メールや電子文書と違って、紙のプリントは自動翻訳や読み上げ機能のアプリの活用ができません。時にはプリントが多すぎて、結局は伝わっていないということもあるでしょう。

図１　日本の学校と保護者のコミュニケーション・ツール：紙媒介のプリント

どんなツールでも、その背景にその国の文化や習慣が透けて見えます。ヨーロッパでは日本のような定例行事はなく、イベントがあるときは、単発でお知らせが２日～１週間前に送られてくるので、突然準備しなければならないことが多いようです。また、大まかな内容だけが伝えられ、あとは個人で情報収集して考えて準備するので、連絡事項を理解することより、それに対して個人的にどう対応するかを考える方に労力が注がれるとのことです。時には、もう少し日本のように丁寧にプリントで指示してくれたら助かると思う場合もあるようです。ドイツ在住の日本人保護者によると、ドイツの学校の先生は、保護者とのコミュニケーションの取り方や学校行事のやり方が、日本の先生のように負担が重くなく、授業に集中することができるそうです。それは、ドイツの学校はクラブ活動がなく、遠足やクラス旅行・行事も保護者が手伝うことになっています。また、学校の掃除も清掃業者が行うので、学校の先生は授業以外に気を遣わなくて済むからだそうです。さらに、学校行事の指揮をとるのは先生ではなく保護者の中から選出されたクラス役員ですので、その行事に関してはクラス役員と連絡を取ることになります。保護者と学校の先生は、基本的に1年に数回の個人面談があり、そこで、コミュニケーションを取っています。

先ほど述べた調査の国や地域を、日本と比較し分析することを通して、その国の学校文化や習慣などが反映されていることがわかりました。

今回、ヨーロッパ、オーストラリア、中国に在住の日本人保護者を対象に実施したアンケート調査を通じて分かったのは、日本ほど紙媒介のプリントを配布している国は他になかったことです。また、学校プリントは日本の学校文化を反映するもので、学校プリントを分析することでその背景にある学校文化がわかるようになると考えられます。

2 学校プリントはどんなもの？―安心感と効率性―

子どもはほぼ毎日学校から何らかのプリントを持ち帰っています。次の写真は2019年4月から1年間、福岡市S小学校の一つのクラスが発行したプリントを集めたものです。チラシや広告類は処分したのですが、それでも307枚ありました。学校からどんなものが来ているか、大雑把にみてみましょう。

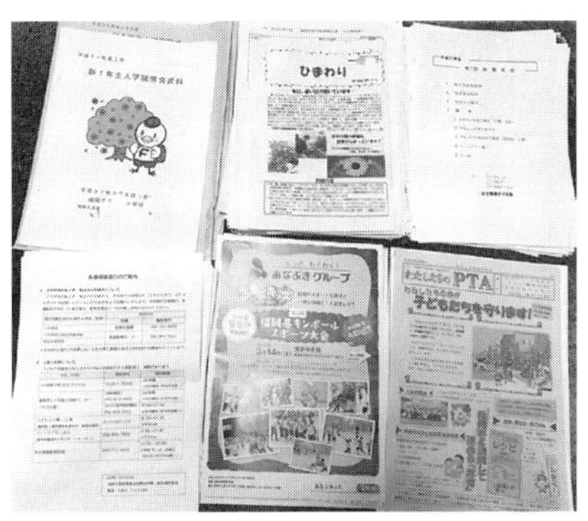

図 2　筆者の子どもが小学校から持ち帰った学校プリント

まず、学校プリントの発行元は、学校、学級（クラス）、学校の保健室、PTA、役所、NPO、学童クラブなど様々です。学校プリントは、学校から学校だより・給食だより、クラスから学級だより、保健室から保健だより、PTA から PTA 関係のお知らせが発行されます。それ以外にも、学校や PTA から各種イベントのお知らせが来ますし、役所や NPO などから学校相談室・自然教室などのチラシが届きます。また、留守家庭子ども会（「学童クラブ」と呼ばれる地域もある）からのお便りもあります。

保護者の皆様へ

9 時 30 分現在の気象予報によりますと、福岡市西区には大雨警報、土砂災害警戒レベル 3 が発令されており、午後より強い雨が降り続くとのことです。

これを受けまして本校といたしましては、児童の安全を第一に考え、下記の要領で下校を実施することに致しました。

記

1. 下校時刻
給食終了後 13 時 50 分

2. 下校方法
一斉下校（通学路ごとに集まり、教師が引率して下校）

3. 留守家庭子ども会
実施します
※一斉下校（兄弟・姉妹と一緒など）を希望されるご家庭は、12 時 ~13 時の間に留守家庭子ども会（　　　）までご連絡下さい。
※詳細につきましては、10 時 30 分に留守家庭よりメール配信があります。
そちらをご覧ください。

4. ご家庭でも指導してください
・帰宅後は、外出をしないこと。
・河川、水路、海、斜面など、危険な場所に絶対に近づかないこと。

子ども達の安全確保のため、ご理解とご協力をお願い致します。

福岡市立　小学校　校長
配信日時　7 月 10 日　10 時 00 分

図 3　下校時刻と下校方法のお知らせ

この数年間、緊急連絡の場合は、学校側が直接保護者に電子メールを送ることが多くなりました。例えば今年7月の大雨警報が出た時には、学校が早めに終わることになり、図3のような下校時刻と下校方法のお知らせがメールで送られてきました。電子メールでの連絡は、携帯のメール受信ボックスに設定しておけば、随時確認できるので効率が良いです。

しかし、日本の「学校文化」では、メールだけより紙で渡すと確実に伝わるという「安心感」がうかがえます。一つの特殊な例かもしれませんが、2020年の3月より新型コロナウィルス感染拡大の影響で休校になった2ヶ月の間に、筆者の息子が通っている小学校から「お知らせとお願い」というタイトルの電子メールが30通以上送られてきて、電子メールがこれまでないほど活用されていました。その電子メールを分析してみると、2種類あることがわかりました。

一つは、単発的な情報の送信です。例えば、「不審者情報」、「いのしし目撃情報」、「臨時休校のお知らせ」などがそれにあたります。今回のコロナ休校中には、「教科書の配送日について」、「インターネット環境の調査についてのお願い」などがありました。

これらの単発的な情報とは違う種類の情報もあります。スケジュールの変更や複数のイベントの中止など、単発に伝えれば良いということではなく、もうちょっと長い期間中にわたって保護者に注意を促す情報です。そのような場合は、「詳しい内容につきましては、明日○月○日に配布するプリントをご覧ください」や「～のプリントを配布いたしますので、そちらでもご確認ください」と、メールで知らされ、続いてプリントが郵送や担任の先生の持参で届けられました(図4)。担任の先生が持参する場合、基本的にはポスト投函ですが、たまたま保護者と直接会って話をすることもありました。

保護者の皆様へ

子ども達の登校について

昨日もメールでお知らせ致しましたが、全員登校を開始することになりました。
今後の登校予定については下記の通りです。

記

1. 学級分散登校
○5月28日（木）各学級のAグループが登校
5月29日（金）各学級のBグループが登校
給食ありで午前中授業。
13：35に下校

2. 全員登校
○6月1日（月）〜5日（金）
給食ありで午前中授業。
13：35に下校
※6日の土曜授業は中止となりました。

○6月8日（月）〜
給食ありで全日授業。
学年によって下校時間が異なります。
※詳しい日程につきましては、学級通信をご覧ください。

登校方法やスケジュールにつきましては、学校より「全員登校開始のお知らせ」のプリントを配布いたしますので、そちらでもご確認ください。

福岡　　　小学校　校長

図4　登校についてのお知らせ

新型コロナ休校中では、保護者とのコミュニケーションツールとして「学校プリント」と「Eメール」が併用されていました。さらに、前章で述べたヨーロッパや中国のように保護者と担任の先生とが直接話す機会もありました。この大変な時期に、かえって学校とのコミュニケーションツールが増えたことはありがたく思いました。

 3 学校プリントを「解体」してみる

大量に保護者に届く学校プリントに効率よく対処できるように、プリントの内容とその宛先、読む必要度を整理してみました（表1を参照）。読み手の想定対象を考えると、大まかに「親」、「親と子ども」の2種類に分けられます。

表１　学校プリントの分類（李・本田，2015 を改変）

対象	内容の性質	例	読む必要
親	親と学校（またはクラス）と関係のあるプリント	「学習参観のご案内」	★★★
	親が必ず反応する必要があるプリント	保護者会の出欠の提出や家庭訪問、アンケート	★★★
	PTA 関係のプリント	「地域委員選出のご案内」、「PTA 総会のご報告」	★★
	学校か PTA が主催の任意参加のイベントの案内	「読み聞かせ講座のご案内」、「花いっぱい運動のお知らせ」	★
	役所からのお知らせ	「保護者相談室」、「就学援助のお知らせ」	★★
	基礎知識を親に提供するプリント（など）	「インフルエンザの予防法や適切な食べ物の摂取について」	★
親と子ども	子ども本人と直接関係があるもので、親子で確認してほしい情報	「学級通信」、「学校だより」、「給食献立表」、「学力定着試験の結果のお知らせ」、「生活習慣の調査」	★★★
	地域と関係のあるプリント	「校区文化祭の出演者募集のお知らせ」	★★
	学校以外が主催する任意参加のイベントの案内	「防災キャンプ」、「自然体験学習」	★
	他に情報共有のためのプリント	「保健だより」、「給食だより」、「図書館だより」	★

「学力定着試験の結果のお知らせ」や「生活習慣の調査」などは、直接子どもと関係のあるもので、それを確認してから何らかの反応が求められるケースが多いので、要注意です。地域からの情報や学校以外が主催する任意参加のイベントの案内も多く、「防災キャンプ」、「自然体験学習」のように目を通すだけで良いものもあります。また、「校区文化祭の出演者募集のお知らせ」のように、出演したい場合には応募しなければならない

ケースもあります。上記のプリントはもちろん「子どもを対象」として発行されたものもあるのですが、保護者宛に届けられるので「親子で確認するもの」になります。特に低学年の子どもの場合は親がいっしょに読んで対応を考えてあげる必要があるでしょう。

子どもと直接関係がなく親を対象にして発行されるプリントが多いです。「学習参観」（地域によって「授業参観」という言い方もある）や保護者会、PTAなどの委員会の出欠の提出や家庭訪問のスケジュールなど、親にとって重要なイベントで、しかも必ず反応しないといけないものがあります。これらは重要度が高い文書です。筆者のように働いている母親は、学校関連のイベントの日時情報を手帳に最も目立つようにメモしている人が多いのではないでしょうか。またPTA関係の委員選出や役所からの情報といった文書にはとりあえず目を通します。表1の右端に、学校文書の重要度を三つ星から一つ星までの星印の数で表しましたが、この重要度判定は、筆者が日本人保護者を対象として実施した「学校プリントを読むストラテジーを解明するためのアンケート調査」の結果に基づいて作成したものです（李，2017）。

李（2017）の調査によると、学校プリントの内容について、図5で示すとおり、ほとんど全ての保護者が読む内容は「提出期限」と「日時」でした。また「持ち物」、「学校行事」、「地域が行なうイベント」、「お金に関するお知らせ」などについても特に注目して読むことがわかりました。

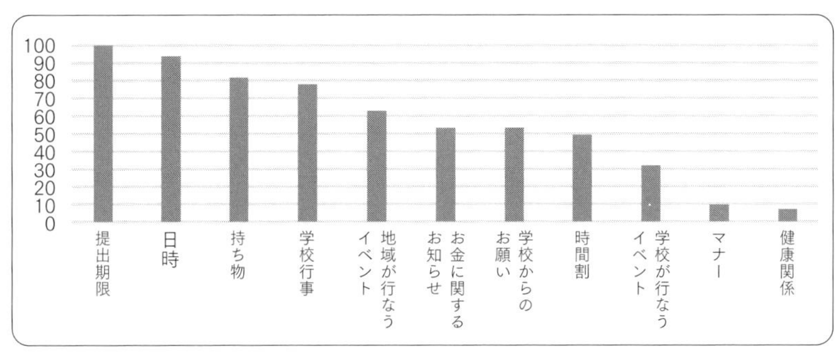

図5　日本人保護者が読む学校プリントの内容（李，2017）

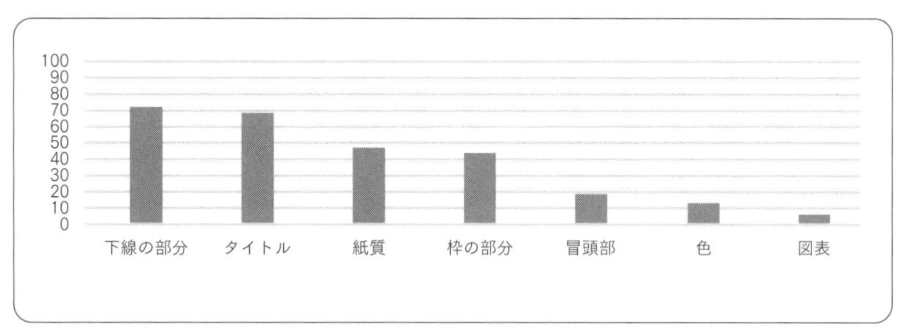

図6　日本人保護者が読む学校プリントの形式（李，2017）

学校プリントの形式については、過半数の保護者が、プリントのタイトルを見て一瞬で読むか読まないかを判断しています（図6）。そして、「下線の部分」、「タイトル」、「紙質」、「枠の部分」、「冒頭部」に注目して読みます。とりあえず全て目を通す保護者はわずか13％でした（李，2017）。

紙質という観点については、その後のインタビューで解明しましたが、教室単位のお知らせはわら半紙が多いのでよく見ることが多く、紙質が立派なものはチラシや広告などが多いので読み飛ばす傾向にあります。

これまでの調査で次のようなストラテジーもわかりました。1）時節のあいさつ文は読み飛ばします。2）プリントの発行先の署名欄に、PTA会長が小学校校長の上に書いてある場合はPTA関係が多いので目を通します。3）ほとんどの書類は「記」以下が重要なので、その部分を中心に読みます。

学校プリントを「解体」してみて、上記のような「優先的に読む箇所」や「読まなくても良い箇所」を素早く見つけ、合理的に情報をつかむ方法がわかりました。このことを、外国人保護者を支援する際に、真っ先に伝えるべきだと思います。「学校プリントは全部読まなくても大丈夫です」と一言だけでも先に伝えてもらうと、気持ちがずいぶん楽になりますし、読んで理解するために必要な箇所を見分けるコツがわかり助かります。

そして、学校プリントの発行側に対しては、今後は外国人保護者を視野に入れた温かい眼差しでプリントを発行することを望んでいます。例えば、学校がプリントをカテゴリーに分類して、重要度マークをいくつかのレベルではっきりつけてくれると読みやすくなるでしょう。またタイトルだけでも英語併記にすることやイラストを入れてもっと簡潔に分かりやすく用件を伝える等の配慮によって、外国人保護者は大いに助かるでしょう。そして、そのような些細な工夫によって、外国人家庭はより地域に溶け込むことができると考えられます。結果的には社会全体が恩恵を受けるのではないかと思います。

4 外国人保護者への許容度

筆者は、日本で生活している外国人保護者の一人として、自分の子どもが日本人の子どもと同じように学校生活を順調に過ごせるように学校関連のイベントに積極的に協力したいと考え、できるだけ参加しています。しかし、率直なところ、どうしても限界があります。例えば、PTAの委員を引き受けたことがありますが、PTAの委員の最も重要な仕事の一つは、連絡プリント等の文書作成だと思います。過去の同様の文書がサンプルとしてありますが、日本語非母語話者としては、どうしても、こうした文書を作成する自信がもてません。文章力一般というより、こうした文書の独自の言葉遣いや伝達方法がわからないのが一番の難点です。

ある年、筆者は中学校の成人教育委員会の委員となり、保護者のための講演会を企画することになりました。委員の仕事は、講演のトピックの選出、講演者への連絡、案内文書と当日配布資料の作成、案内文書の配布、講演会当日の会場の準備・受付・片付けなどありました。講演のトピックの選出や講演会当日の業務は委員全員で行い、案内文書の作成と配布は2チームで分担することになりました。筆者は文書の作成に自信がないので、「配布」チームを選びました。校区内の公民館・集会所・コンビニ・銀行・郵便局に行って掲示や配布のお願いをするという仕事でした。

委員会の仕事を通して、委員会メンバーとの絆が少しできたものの、文化的に違和感を覚えたこともありました。例えば、委員会は年度ごとに入れ替わりますが、その第一回の集会から、「新体制云々」と発言して、委員長を立てようとしたことが多かったのです。自分にとっては、1年間に数回集まって活動する数名の親同士で「新体制」という言い方は多少大袈裟だと感じました。また、委員長に対して特段尊敬するような言葉遣いをすることが多かったです。その保護者の間に存在している「上下関係」に違和感を感じました。親同士で仲良くやればいいのではないかと気軽に考えましたが、組織の中では必ず上下関係があってそれによって仕事が進んでいくというのは、日本スタイルのやり方かもしれません。

PTA 委員の仕事が他のお母さんと同じようにできたら、同じように扱いされるかと思っていたら、あるお母さんが図 7 のようなメッセージが送られてきました。質問の多さに圧倒されました。母親としての気持ちはどの国でも一緒だねと感心したと同時に、日本人同士ならおそらく、しない会話だと思いました。外国人だから気楽に聞いてくれたのではないでしょうか。自分は「よそ者扱い」されていると思った瞬間でした。

しかし、「よそ者扱い」は悪いこととは限りません。日本人同士でしたら、周りの人と同じような行動パターンができない場合は「非常識」と言われてしまい、最悪な場合は学校での子どもの人間関係にも影響が出る恐れがあります。しかし、外国人の親の場合は、たとえやり方が分からなくても協力の態度を示せば許されることが多いです。また素直に尋ねたり、周りの保護者と協力して仕事をしたりしているうちに、熱心に教えてもらえるかもしれません。

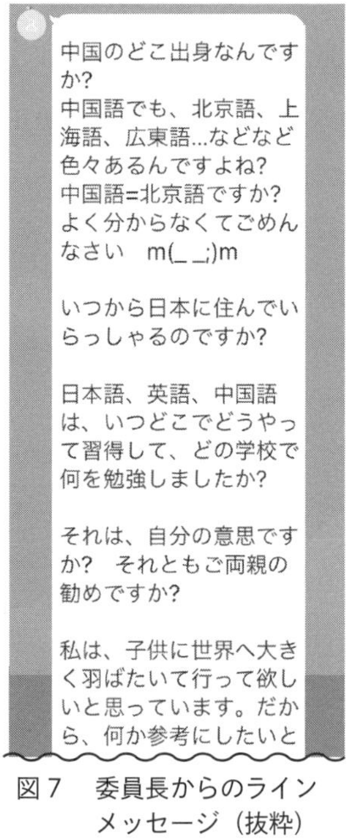

中国のどこ出身なんですか?
中国語でも、北京語、上海語、広東語...などなど色々あるんですよね?
中国語=北京語ですか?
よく分からなくてごめんなさい　m(_ _;)m

いつから日本に住んでいらっしゃるのですか?

日本語、英語、中国語は、いつどこでどうやって習得して、どの学校で何を勉強しましたか?

それは、自分の意思ですか?　それともご両親の勧めですか?

私は、子供に世界へ大きく羽ばたいて行って欲しいと思っています。だから、何か参考にしたいと

図 7　委員長からのラインメッセージ（抜粋）

関東に住んでいる筆者の友人は、抽選で広報委員会の委員長に当たったことがありました。PTA 委員の中で広報委員会のお仕事は最も人気がないらしいです。それは、学校行事や PTA 活動を取材して、広報紙の発行を中心に活動していますが、年間 3 回の広報紙を発行するということを関連して、

取材から印刷まで毎日のように学校に行ったり印刷会社と交渉したりしないといけないためです。友人は中国出身でそれまで地域のコミュニティと深く付き合ったことはなかったのですが、いざ入ってみるといろいろな見えない壁があったことに気づいたと話してくれました。例えば、学校のイベントの際にコミュニティのどなたに頼んでどこの場所を借りるか、印刷の発注や消耗品の購入はどちらのお店に依頼するかなど、その地域の暗黙のルールがあるらしいです。そこで、彼女は地元に繋がりの深い方に副委員長をお願いして協力してもらえたから助かったという話を聞きました。

図８　広報委員長を務めた外国人保護者が発行した広報紙

このように、外国人保護者は日本語ができていても、学校文化や時にはコミュニティの暗黙のルールがわからなくて困ったり、日本人の保護者と同じように行動できなかったりすることが多いと思います。そんな時に、外国人保護者は「非常識」とか思われずに許されたり、協力してもらえたりすることが多いように思います。

実際のところ、日本人の保護者は外国人の保護者に対してどんなイメージを持っているのか、日本語のできない人や日本語ができていても学校事情がよくわからない人に対して、許容度がどれくらいあるのか、調査したくてもなかなか難しいところがあります。しかし、この問題について、参考になる別種の調査をしたことがあります。それは、海外在住の日本人保護者へのインタビュー調査です（李，2016）。

海外在住の日本人保護者はもちろんその国での「外国人保護者」になります。海外在住の日本人保護者に、外国人保護者に対する学校側や他の保護者たちの「許容度」について話を聞きました。海外の学校では、日本ほどシステマティックに正確に情報を「学校プリント」という形で知らせていないそうです。何かイベントがある場合は突然準備させられることもあって時々困りますが、その反面、イベントに参加しなくても持ち物を忘れても何も言われないので気は楽だとのことでした。例えば中国では、夫婦共働きが多いということもあって子どもが何かトラブルを起こさない限りは学校に呼び出されることはありません。

それに対して、日本は行事も多いし、細かいところまできちんとしなければならない文化なので、その風習に馴染みのない人には大変ではないかと、海外在住の日本人保護者は日本在住の外国人保護者のことを気遣っておられました。また日本では、外国人保護者には、口頭のコミュニケーションがあまり行われないので、時に内容理解に苦しむなど、余計な労力が必要な場合があるのではないかという指摘もありました。外国人保護者には、日本人には当たり前なことが分からないことがしばしばあります。そうしたときに、「あの人○○人だからね、いつも困るのよね」などと、かげで言われてしまうようだと大変だ、と日本在住の外国人保護者に同情的な意見もありました。この調査では、海外で暮らし始めて日本在住の外国人の気持ちがわかったと話してくれた方が多かったことが強く印象に残っています。人間社会で共通となっている文化も多々あります。本書の各章でも述べていますが、相手の立場に立って考えることで外国人保護者との相互理解は可能となるでしょう。外国人保護者を特別扱いしなくても良いです。視点は違うところがあっても、保護者としてコミュニティの一員として貢献したい気持ちは皆同じです。

まとめ

◉本調査では、日本ほど紙媒介のプリントを配布している国は他にない。
◉学校プリントの読解ストラテジーとして、「読む方法」と「読まない方法」がある。
◉外国人保護者にとって口頭のコミュニケーションが少なく、暗黙のルールの理解が難しい。

参考文献

李暁燕(2016)「小学校配布プリントにおける暗黙的な『日本の学校カルチャー』の分析—外国人保護者に対する日本語支援の視点から—」日本語教育学会秋季大会予稿集、pp.186-191.
李暁燕(2017)「外国人保護者に対する日本語支援—小学校配布プリントの特徴および『学校カルチャー語彙』の分析を通じて—」『地球社会統合科学』24-2、pp.1-12.
李暁燕・本田弘之(2015)「学校プリント読解のストラテ ジーの解明—生活者としての外国人保護者に対する 日本語支援の視点から—」EJHIB 2015『国際語として の日本語に関する国際シンポジウム予稿集』(CD-ROM)

学校からのあるお知らせ

長友リリベス（宮崎県在住 / フィリピン出身）

フィリピンの実家は元々貧しかったうえに、1991 年のピナツボ火山の大噴火の被害で、さらに貧しくなってしまい、私は小学校までの教育しか受けることができませんでした。そのため、文字の読み書きを十分に学べませんでした。44 歳になった今でも読み書きはどの言語でも苦手です。

22 歳で今の夫（日本人）と結婚し、日本に移住しました。3 人の子供を生み、子育ての日々が続きました。その間、夫の仕事の関係で東京から宮崎に移り、そして台湾に渡りました。私の育児環境は、日本語から中国語となりました。学校とのコミュニケーションはまたスタート点に戻りました。子供たちは中 1、小 6、5 歳になっていました。中 1、小 6 の長男、長女が学校から毎日のように持って帰る中国語の配布物を読まなくてはならないのは大変でしたが、夫や子供、時には知人に助けてもらって、どうにか内容を理解していました。

そんなある日、小 1 になったばかりの次男が、「転校についての話し合い」をしたいという学校からのお知らせを持って帰ってきました。学校から初めて呼び出されて、非常に緊張しました。私は夫と通訳のできる知人といっしょに学校に行きました。学校側は、担任、教務、カウンセリングなどの先生方がズラリと並んでいました。話の趣旨は「息子さんは本校が受け入れた最初の外国人児童ですが、まだ中国語が不十分で、学校側も担任も困っています。ついては、さまざまな問題を抱えた児童のための特別支援学校への転校をお勧めします」という話でした。私は、次男は毎日楽しく学校に通っていると思っていたので、とても動揺しました。

「どんな支援が受けられるのでしょうか？」

「向こうも外国人児童を受け入れるのが初めてなので、どんな支援になるのか現時点では何とも言えません」

「中国語や日本語の支援はあるのでしょうか？」

「中国語の支援はあります。日本語の支援は日本語の教員がいないため受けられません」……ということだったので、私はさらに不安になりました。

大学で「言語習得」を専門として研究している夫がこの話に加わりました。「あと６ヶ月我慢して息子を受け入れていただけないでしょうか。６ヶ月もしたら中国語にも慣れ、クラスメートや先生がたとの基本的なコミュニケーションもできるようになるはずです」と訴えたのです。しかし、夫の訴えはすぐには聞き入れてもらえませんでした。学校側にも特別支援学校に行ったほうが息子のためにもなるという確信があったようです。しかし、私たちは引きませんでした。「とにかく６ヶ月間待ってほしい……」　話は平行線で、結論が出ないまま終わりました。しかし、それ以降、学校側から強く転校を求められることはありませんでした。様子をみてみようという配慮があったのだと思います。

次男はいじめを受けることもなく、毎日「楽しい、楽しい」と言いながら学校に通っていました。友だちも増えて、街中でクラスメートを見かけると走って行って話しかけるようになりました。みるみるうちに中国語もうまくなっていきました。とくに発音は兄、姉よりも上手になりました。

６ヶ月ほど経った運動会の日、担任の先生に話しかけられました。「６ヶ月前、私たちは間違っていました。いいお子さんですね」。私はただただ嬉しかったです。

外国籍児童の母親として学校側とコミュニケーションを取るときに、自分の意見を伝える必要がある場合には、しっかりと伝えられる力をもつことが大切だ、と思いました。

日本人にとっての「常識」は外国人にとっての「非常識」

李暁燕（九州大学）

学校カルチャー語彙が難しい

外国人保護者にとって学校プリントのどこが分かりにくいかを明らかにするために、平成24年度から26年度にかけて兵庫県神戸市、大阪府大阪市、福岡県福岡市、福井県坂井市の四つの自治体から延べ810枚のプリントを収集してデータベース、「学校お便りコーパス」を作りました。このデータベースは筆者の個人ウェブサイト（www.lixiaoyan.jp）で公開されています。

このデータベースによって品詞ごとに出現頻度および共起関係を分析することができます。例えば、学校プリントにおける名詞の出現頻度上位20語を見てみましょう（表1）。「人参」、「給食」、「牛乳」、「醤油」など食育に関する語が多いです。これらは日本の学校プリントに見られる特徴的な言葉です。しかし、辞書を引けば理解できる上、インターネットで検索すれば実物の写真を見ることもできるので、外国人保護者に特に指導するまでのことはないと思います。

表1　学校お便りによく出てくる名詞

出現頻度	見出し語	出現頻度	見出し語	出現頻度	見出し語	出現頻度	見出し語
1	日（ニチ）	6	人参	11	金（キン）	16	学習
2	月（ガツ）	7	給食	12	保護	17	緑
3	会	8	牛乳	13	児童	18	御飯
4	学校	9	醤油	14	玉葱	19	年（ネン）
5	学年	10	委員	15	砂糖	20	年度

これらの言葉よりも、日本の「学校」という特定の文脈から離れるとわからない言葉が学校プリントに出てくるので、そうした言葉の理解をすすめる方が重要です。例えば、「組体操」や「PTA」などの言葉です。筆者は、日本の「学校」という特定の文脈においてのみ使う、こうした言葉を「学校カルチャー語彙」と呼んでいます（李，2016b）。

日本人保護者でも外国人保護者でも、「学校カルチャー」との接点で最も神経を使う時は、子どもが入学する時でしょう。埼玉県W市の平成27年度の新入学児童の保護者説明会資料（以下、「保護者説明会資料」）を例に分析してみました。「日本の『学校』という特定の文脈においてのみ使う」という基準で、表2のような学校カルチャー語彙を選出しました（李，2018）。このような学校カルチャー語彙は、日本の小学校の文化を反映する内容だと考えられます。これらの語彙は、児童が小学校生活に慣れるための重要な内容が多く、外国人保護者にとって特に優先して理解する必要があるでしょう。そこで、学校カルチャー語彙を整理し、それぞれの文脈となっている学校カルチャーと関連付けた方が、外国人保護者にとって理解しやすくなる、と考えました。そのため、小学校に入学する際に使われる学校カルチャー語彙を表2のように、5つの分野に分類しました。

表2　小学校の入学に関わる学校カルチャー語彙

基本語彙	通学関係	持ち物	学校行事	給食関係
保護者	通学路	持ち物	学校行事	給食費
配布物	通学班	手提げ袋	入学式	給食日
保健室	通学禁止路	上履き	あいさつ運動	給食袋
学年便り	下校指導	体育服	授業参観	給食開始日
通常学級	集団登校	赤白帽	始業式	給食年間実施回数
特別支援学級	通学帽子	体育帽子	保護者説明会	
学級委員会	登下校	お道具袋	校外学習	
就学援助		防災頭巾	クラブ活動	
			障害児理解授業	

以下、「基本語彙」、「通学関係」、「持ち物」、「学校行事」、「給食関係」

の順に見ていきます。

1）**基本語彙**：「保護者」、「配布物」、「保健室」など、どの小学校にも必ずある事物を示す言葉は「基本語彙」と言えるでしょう。ほとんどの小学校に設置されている「特別支援学級」およびそれに対する「通常学級」、クラスをまとめて学内集会の内容を決める「学級委員会」や経済的な理由による「就学援助」申請なども「基本語彙」です。

2）**通学関係**：小学校に入学した後、子供がまず慣れる必要があるのは「集団登校」でしょう。保護者説明会資料には「通学関係」の語彙が多く見られます。「通学路」と「通学禁止路」があって、それを覚えた上で「通学班」ごとに「集団登校」します。また「通学帽子」をかぶって「登下校」する風景は日本独特のものだと思います。さらに、新学年が始まる時期にはPTAによる「下校指導」があり、これも外国人保護者が直接関わる行事の一つになります。

3）**持ち物**：「持ち物」は子どもを小学校に通わせる前に保護者が準備しなければならないものであり、「持ち物」の呼び名を知ることは重要です。「手提げ袋」、「赤白帽」は日本全国ほぼ類似した物ですが、「体育服（「体育着」とも呼ばれる）」や「お道具袋」は、地域や小学校によって異なるようです。

4）**学校行事**：保護者の参加が求められる「学校行事」も多数あり、それを表す語彙の理解も外国人保護者にとって重要です。「入学式」はもちろん「授業参観」、「保護者説明会」、「障害児理解授業」などが保護者にも関連する学校行事であり、児童の参加する行事としては「あいさつ運動」、「校外学習」、「クラブ活動」などがあります。なお筆者のこれまでの調査によると、子どもを持つ留学生を含めた外国人保護者に学校側が説明する際、「学校行事」の内容説明がもっとも難しいようです（李，2016a；2016b）。

5）**給食関係**：日本の義務教育の特徴の一つでもある「給食」に関係する語彙グループも学校カルチャー語彙です。始業式翌日が「給食開始日」であることが多く、子どもは毎日家庭からお箸とランチマットを入れた「給食袋」を持参して学校に行きます。「給食費」とは、保護者が負担する食材料費のことです。

外国人児童生徒が日本の学校生活を円滑に送るためには、外国人保護者は学校プリントを理解できなければなりません。そして、学校プリントを理解するためには、このような学校カルチャー語彙を、保護者は当然理解する必要があります。しかし前述したように、これらの言葉の表面上の意味を教える支援だけでは十分とは言えません。日本の教育制度、学校事情、学校行事などの明示的知識に加え、より重要なのは、日本人にとっては当たり前に思える価値観や行動パターンなど、つまり暗黙の学校文化を伝えることです。

例えば、日本の学校の「給食文化」は非常に特徴のあるものです。小学校1年生から、生徒が給食当番を順番で担当します。給食エプロンを着てマスクをして、各生徒にスープを取り分けたりご飯の後片付けをしたりします。それから、生徒各自が「給食袋」を持参します。筆者の子供が通う学校では、給食袋には、お箸、お箸を入れる箱、ナプキン、歯ブラシ、コップが入っていましたが、新型コロナ感染拡大を防ぐために歯ブラシとコップを持参しなくなりました。給食は毎日栄養士によって生徒の人数分が作られますが、残った場合は子どもたちがジャンケンして勝った人がおかわりできます。そして、時代を通じて最も人気の高いメニューはカレーだそうです。このような給食文化は他の国では見られないものです。

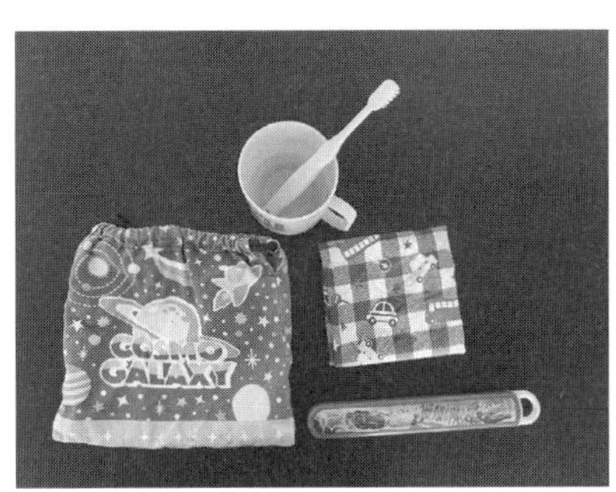

図1　給食袋

2 複合名詞が難しい

筆者は日本に来たばかりの時は、「学級」と「学年」を混同していました。中国では「学年」のことを「年級」と言いますので、「学級」は何となく「学年」のことと思っていたのです。小学校参観の時に、クラス担任の先生のお名前で「1年田中学級」、「3年吉本学級」というクラス分けの表を見たときはちょっと驚きました。また、小学校の授業参観の時に気になったのは「目当て」という言葉です。「目標」、「目的」、「ねらい」といった意味でよく使われていますが、「目当て」がこんなに使われるのは、小学校の文脈だけではないでしょうか。

漢字圏の保護者は、母語で「漢字」を使っている点で、非漢字圏の保護者より日本語理解において比較的有利だと考えられています。しかし、筆者のこれまでの研究では、漢字圏の保護者にとっても、学校プリントの特殊な漢語は、非漢字圏の保護者と同様に難しいという声が多かったです。

そこで、漢字圏の保護者が学校プリントのどんなところを難しいと感じているのかを、2015年12月～2016年1月にかけて、中国籍の保護者3人にインタビューをしました。3人の保護者はいずれも30代の女性で、日本語力は中級～上級です。学校プリントを読む際に、「中国語と同じ漢字語彙が使われていても、組み合わせによってよくわからないことがある」という声が共通した意見でした。例えば「『自然』と『教室』はどちらもわかるが、『自然教室』がどういう意味か最初さっぱりわからなかった」というのです。

今回のインタビュー調査によって、漢字の組み合わせ、つまり「複合名詞」の理解が困難だとわかりました（李，2016a；2016b）。

図2　福岡市U小学校の自然教室

前節で述べた「学校お便りコーパス」というデータベースにある17,193の複合名詞から、筆者自身の生活者としての外国人保護者の立場で、学校の文脈から離れると意味が分からない語彙、すなわち「学校カルチャー語彙」の複合名詞を頻出度順に上位50を抽出しました（表3）。

表3　学校カルチャー語彙・複合名詞50

1	授業参観	11	鍵盤ハーモニカ	21	校外学習	31	書き初め会	41	世帯配布
2	始業式	12	自然学校	22	避難訓練	32	子供会	42	職員室
3	体操服	13	個別懇談会	23	給食当番	33	赤白帽子	43	職業体験
4	連絡帳	14	献立表	24	就学援助	34	給食袋	44	資源回収
5	懇談会	15	開放プール	25	給食開始	35	朝読書	45	習字用具
6	修学旅行	16	集団登校	26	学級委員	36	プール開き	46	飼育小屋
7	学級閉鎖	17	クラブ活動	27	校区内	37	学童保育	47	自由服
8	学校行事	18	家庭学習	28	学校便り	38	安全マップ	48	集金日
9	給食費	19	時間割	29	蟯虫検査	39	手提げ袋	49	道具袋
10	通学路	20	委員会活動	30	給食試食会	40	自由研究	50	上履き

言語は生産的に語彙を増やしていく性質を持っています。日本語の場合、既存の語から新しい語を作り出す主なタイプは、接頭辞や接尾辞を用いて作る派生語（再生産、生産的など）より、語根を二つ以上結合させて複合語を作ることが多いです。複合名詞は「名詞＋名詞」、「動詞＋動詞」、「名詞＋動詞」など多様な構造がありますが、表3からは学校カルチャー語彙は「名詞＋名詞」（例：体操服）、「名詞＋動詞」（例：プール開き）の

タイプが多いことがわかります。日本語学習者にとって複合名詞の理解度は、「歯磨き」などのように漢字知識を手がかりにして理解が容易になるものもありますが、「手掛り」や「日差し」のように慣用表現をもとにした複合名詞は各構成語の意味からの推測だけでは、複合語の意味が理解しにくいので、理解度が低いということが、これまでの研究でわかります。

表3の複合名詞について、筆者は自身の保護者経験から、その意味をほぼ把握しています。しかし、日本語能力は高いですが、保護者経験のない外国人は、これらの語をどのように理解するでしょうか。それを明らかにするために、学校カルチャー語彙の理解度について調査を行いました。調査対象者は、日本で小中学校の教育を受けた経験がなく、日本語上級レベル（N2以上）で漢字表現の理解に困らない日本語学習者です。そして、日本で教育を受けた日本語母語話者と対照させるために、日本人の大学生も調査対象者としました。

2016年2月から7月にかけて、筆者の勤務校において日本人学生93人、留学生60人を対象にアンケート調査を行ないました。保護者の経験としての知識ではなくより一般的な理解度を確認するために、調査対象者には保護者として学校カルチャーを経験していない者に限りました。今回実施された「学校カルチャー語彙理解度調査」のうち、有効回答数は留学生50、日本人学生93でした。調査の結果、学校カルチャー語彙50の理解を問う問題の平均正解率は、留学生は45％、日本人学生は80％でした（図3）。「資源回収」のように、地域差で理解度に影響のあったものもありました。

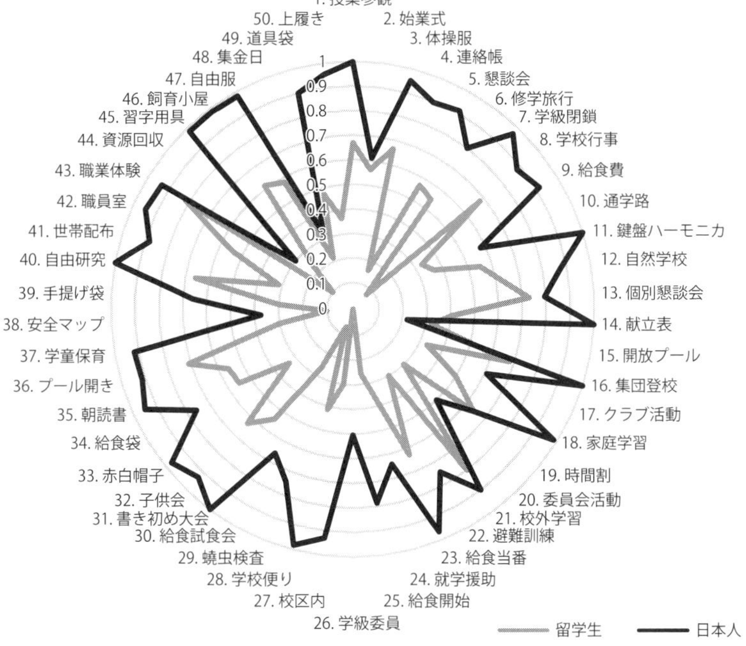

図 3　学校カルチャー語彙理解度調査の結果

50の複合名詞に対する留学生の理解度を見ると、例えば「授業参観（67 %）」、「個別懇談会（73 %）」、「職業体験（82 %）」など理解度が高い語彙もあり、理解度が 50 % を超えた語彙は計 24 でした。理解度が 50 % 未満の語彙（計 26）は、外国人に理解が困難な学校カルチャー語彙と推定できるでしょう。それらの語彙の理解が困難な要因を分析することで、日本の学校カルチャーにおいて外国人への伝達がもっとも難しい部分が明らかになると考えました。

そこで、それらの複合名詞を、理解の困難を導くと推測される要因別に 4 種類に分類しました。そして、調査の理解度が半分以下の複合名詞を以下のようなカテゴリーにまとめました。

1）外国でも類似したモノ・コトがあるが、別の表現で表す

連絡帳（17 %）、朝読書（32 %）、通学路（37 %）、校区内（32 %）

例えば、いわゆる「連絡帳」というものはあるが、それは「連絡帳」とは名付けられていません。また、児童の連絡先をまとめた一覧表（連絡簿）や、教師が記入し児童を通じて親に見せるものも存在しているため、それらを想起させる可能性があり、誤解を生む可能性があると考えられます。

2）そもそも外国で存在しないモノ・コトである

給食費（33 %）、献立表（42 %）、給食開始（27 %）、給食試食会（27 %）、クラブ活動（33 %）、委員会活動（32 %）、避難訓練（32 %）[1]就学援助（38 %）、学級委員（0 %）、上履き（37 %）、蟯虫検査（8 %）、赤白帽子（33 %）、世帯配布（32 %）

給食という制度は日本独特のもので、海外では弁当の持参や外食、または親が届けるなど様々なやり方があります。給食制度に馴染みがないのでこれらの表現への理解度は低いと思われます。

3）外国でもそのような表現はあるが、指しているモノ・コトが違う

資源回収（10 %）、習字用具（23 %）、開放プール（30 %）、安全マップ（12 %）、手提袋（28 %）、道具袋（48 %）、集金日（22 %）

例えば「安全マップ」は日本では危険な場所や安全な場所を児童に示すものであるのに対して、調査協力者の国（中国、アメリカ）では避難場所や避難経路などが示してあるものを指すことが多いです。

4）漢字の多義性から生じる誤解

学級閉鎖（8 %）、学校便り（42 %）

先にもふれたように（p.29）、中国では「同級生」は同じ学年の生徒を表わすため、「学級」を「学年」と混同しますし、「学級閉鎖」は「学年全体が休みになること」と思われる場合もあるでしょう。「便」について、海の便、空の便などの交通手段を表す「便」と勘違いし、「学校便り」は「学校へ行く交通手段」と誤解されることもあるようです。

1　避難訓練は調査協力者の国（中国、アメリカ）でもまれにあるが、それは不審者や有事を想定した避難訓練などで、日本の地震や火事などを想定した避難訓練と同じものではありません。

1）と3）は、日本だけではなく外国でも類似のモノ・コトがあるので、外国の学校事情と対照しながら外国人保護者に説明するのがよいと考えられます。給食関係やクラブ活動など日本独特のモノ・コト、つまり2）の部分は、授業参観や学習発表会などの機会を利用して積極的に学校の文化を肌で感じてもらう必要があるでしょう。また4）の同じ漢語が日中で意味が違う場合については、教材を作成する際、あるいは地域日本語教室において、ジャンルごとにまとめて説明を行うことも有効だと思います。

3 学校のルールが難しい

日本の学校の教育目標にはきわだった特徴があるとしばしば指摘されています。アメリカ人の教育学研究者Lewis（1995）は、日本の小学校一年生の教育目標を、Friendliness（友達、親切、やさしい、仲良く）、Persistence（頑張る、努力、根気）、Energy（元気）、Self-management（自分のことを自分でする、時間を守る、身の回りをきれいにする、など）の4点にまとめています。前節で分析した埼玉県W市の平成27年度の新入学児童の保護者説明会資料では、最初のページに教育目標と校訓が記されており、「誠実」、「勤勉」、「規律」の校訓と5つの約束が書いてあります（図4）。この校訓はLewisがまとめた4点に対応しており、Lewisの主張を裏付けていると見ることができます。また、小嶋（1989）は、日本の近世以来の平等主義における教育理念の土台をなす「道徳的な資質や知的能力に関して生得的に違いはない」という価値観をそこに見ています。

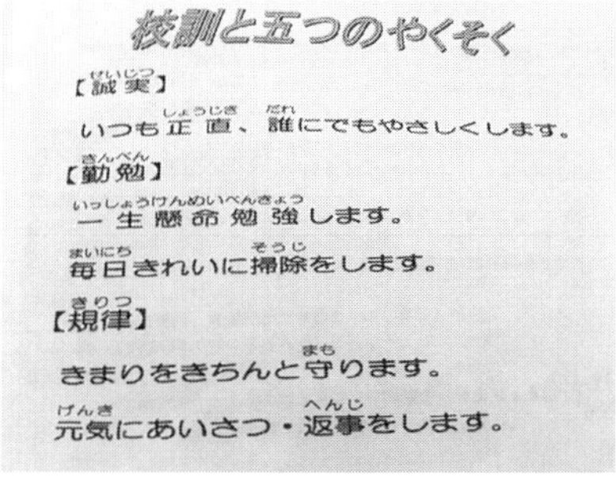

校訓と五つのやくそく

【誠実】

いつも正直、誰にでもやさしくします。

【勤勉】

一生懸命勉強します。

毎日きれいに掃除をします。

【規律】

きまりをきちんと守ります。

元気にあいさつ・返事をします。

図４　埼玉県Ｗ市Ｋ小学校の「校訓と五つのやくそく」

日本の小学校では、教えるべき事柄に直接触れさせるというよりは、状況に周辺的に参加させつつ、そこで起こっている出来事を見よう見まねで学んでいくようなアプローチがとられています。臼井（2001）は、それを「長い導入と動機付けの優先主義」と定義しています。前節で出した学校カルチャー語彙の表（表3）では、「通学関係」や「給食関係」の学校カルチャー語彙が全体の30％をも占めていることがわかりました。このような小学校に特徴的な物事に対して、子どもたちが実際に直接触れる前に、まず本人ではなく保護者に対して入学説明会が行われ、通学・給食・保健などに関わる注意事項の詳細な文書をもとにして説明されます。それらのことを保護者を通じて子どもに伝えることによって、親子ともに余裕を持って心の準備をするように組み立てられているのです。

そして、日本の小学校では、細かく決められたルールを明確に生徒と保護者に伝えることを重視する傾向があります。例えば、前節で取り扱っている入学説明会資料の「入学前の心得と諸準備について」には、身支度、食事、排泄、睡眠、交通安全、持ち物について詳しく書いてあります。また図4で示されている通り、学習態度や、掃除の習慣、決まりを守ることや挨拶・返事に関する行動パターンが明確に示してあります。ここからは、「学習・生活習慣の形成」は小学校生活の大きな目標の一つになっていることがうかがえるでしょう。

さらに、「集団や仲間関係の重視」もしばしば日本文化の特徴として挙げられます。例えば、どこの教室でも黒板に貼ってある学級の目標では、クラスの仲間としての協調・協力・団結など、学級集団としての一体性を高めることに価値を置いていることが分かります。それは学校行事においても強化されます。表3からわかるように、「学校行事」を反映する学校カルチャー語彙がもっとも多いということは、学校行事が重視されていることの現れとみることができます。また保護者に対する入学説明会資料に見られる「登校の方法について」の記述からも、集団や仲間関係の重視が読み取れます。集団登校を「なかよし登校」と呼び、登校時刻や通学路はもちろん、登校の決まりとして「4月・9月・1月は学期の始まりをスムーズにスタートさせ、年齢に関係なく地域の子ども同士が安全に仲良く登校できるようにするため、そして3月は新しい班長の下、新しい通学班を編成するため、通学班登校としています」というように、詳しく決められています。

学校文化は、子どもが暗黙のうちに身につける経験の総体である、と言えます（李，2018）。外国人保護者は日本での初等教育を経験したことがないので、学校のルールや文化を理解するのは非常に難しいです。そのため外国人保護者は、これまで見てきたように、学校カルチャー語彙が満載の学校プリントをなかなか理解できないのです。しかし、このことは別の観点から見れば、学校プリントはむしろ、そこから日本の学校文化の覗き見る「窓」になっている、ということなのです。学校プリントに頻用される学校カルチャー語彙を理解することは、そこに埋め込まれている日本の学校のルールや文化を分析し、把握することにつながるのです。

4 保護者の役割の理解が難しい

中国の友人の話によると、中国では近年スマートフォン及びSNSの普及に伴い、学校の先生と保護者のやりとりが変わってきました。WeChatというSNSによって学級ごとにグループチャットが作成され、先生から宿題の答えが保護者にグループチャットで送られてきて、宿題の添削は全て保護者に任されているとのことです。このように、中国では先生と保護者との連絡事項は学習中心となっています。日本のように、毎日のように持ち物の準備が指示されるということは少ないです。

またドイツ在住の友人によると、小中学校の保護者は新学年の初めにいくつかの種類の保護者代表が選ばれます。そして、その保護者代表がそれぞれの領域で学校側と交渉する立場となり、大きな権限をもっているようです。例えば、学校の予算施行を監督するという任務があります。先生が学生を評価するために成績を出す時に、その担当の保護者代表が必ず参加し、先生が出した成績評価を監督します。また、何かトラブルを起こした生徒をどのように指導するかを決める会議にも、その領域の担当の保護者代表が出席します。

ドイツの保護者代表の活動については、次のようなエピソードも聞きました。ある生徒が冗談でナイフの刃先を他の生徒の首にあてたことがありました。この事件は学校とコミュニティで反響と議論を起こしました。その生徒をどう指導するかについて、保護者代表は警察及び学校側と会議をしました。学校側と警察は、トラブルを起こした生徒を一定期間、観察処分にして、学校にいる時間を減らし、さらに警察が定期的に家庭訪問することを主張しました。それに対して、保護者代表は、それではその生徒が仲間外れにされ、問題児になる恐れがある、と反対しました。その結果、保護者代表の意見が受け入れられ、トラブルを起こした生徒は自宅で観察処分にされるのではなく、通常通り通学できることになりました。このドイツの学校の例のように、保護者の役割は、国や社会によって具体的な役割がかなり違っています。

次頁の表４は筆者が自分の経験に基づきまとめたものです。日本の小中学校の保護者のすべきことは先ほど述べた中国やドイツと比べると、頻度が高く種類が多いように思われます。そして、口頭、あるいは学校プリントを通じて明確にやり方を教えてくれることの他に、自分の経験した学校生活を踏まえて暗黙のうちにやるべきだと察してやっていることもあります。

表4　日本の小中学校の保護者のタスクリスト（筆者作成）

分類	内容	指示の有無
学習関係	宿題のまるつけ／押印	○
	音読のチェック	○
	学習用具の準備	○
	学期中の学習用具の確認と補充	×
	図工の材料の準備（箱、ヤクルトの瓶など）	○
	学習参観・懇談会の参加	○
	家庭訪問の対応	○
	植木鉢の持ち帰り	○
学校行事	運動会などの会場のセッティングのお手伝い	○
	部活の車出し	○
	体操服のゼッケンの縫い付け	○
PTA 関係	委員会の役員、委員	○
	委員決め	○
持ち物	お道具袋の準備	○
	持ち物の記名	○
	自然教室、修学旅行などの持ち物の準備	○
通学関係	交通安全指導	○
	安心メールの登録、確認	○
給食関係	給食袋の準備	○
	給食エプロンの洗濯	○
	給食エプロンのアイロンかけ	×
	給食費	○
保健関連	尿検査の準備など	○
その他	学校徴収金	○
	夏休み作品募集の準備	△（お知らせが来るが、応募自由）

1）学校プリントに書いてあること

図5は筆者の小学2年生の子どもの学級お便りで、持ち物を「毎日持ってこよう」欄に明記しています。毎晩、それを見て子どもと一緒に次の日の準備をするのが日課です。日本の学校は持ち物が多い印象があります。そして、何でも「袋」に入れる習慣があります。海外では、日本のランドセルのような全国統一の通学バッグは筆者が調査した限りではどの国にも

ないと思います。中国の一部の都市では、キャスターのついているスーツケースのような大きなバッグを使っている小学生がよく見られます。しかし、日本の小学校では、給食セット、体操服、図書、習字セットなどそれぞれの袋に入れる習慣があります。中国では、見当たりません。給食制度がないため、給食袋は当然ありませんし、公立小学校はスポーツウェアのように動きやすい服をユニフォームにしているため、体育の授業で着替えることもありません。学習用具、教科書、図書などは全部大きいカバンに入れています。

そのような文化背景を持つ外国人保護者にとっては、子どもを日本の学校に通わせるときに、「給食袋」、「体操服袋」、「習字バッグ」、「裁縫バッグ」、「ブックバッグ」などなど種々の袋を準備するのは大変なことです。

	8日(金)	11日(月)	12日(火)	13日(水)	14日(木)	15日(金)
[illegible]	・きゅうしょく スタート	せい人の日		・読みきかせ (朝休み)		
1じかん目	学活		算数	しょしゃ	国語	音楽
	めあてカード作り		4けたの数	スーホの白い馬 (せいしょ)	かん字の広場5	すいすいすっころばし あんたがたどこさ なべなべそこぬけ
2じかん目	しょしゃ		国語	図工	算数	体いく
	スーホの白い馬		しの楽しみ方を見つけよう	はさみあーと	4けたの数	ボールあそび てつぼう
3じかん目	国語		体いく	↓	↓	国語
	しの楽しみ方を見つけよう		ボールあそび てつぼう		テスト	おにごっこ
4じかん目	算数		図書	算数	国語	算数
	4けたの数		本は友だち	4けたの数	にたいみのことは、はんたいのいみのことば	長い長さをはかってあらわそう
5じかん目	学活		しょしゃ	生活	どうとく	国語
	かかりカードを作ろう		スーホの白い馬 (せいしょ)	あしたへジャンプ	小さなできごと	おにごっこ
下校	午後3時20分ごろ		午後3時20分ごろ	午後3時20分ごろ	午後3時20分ごろ	午後3時20分ごろ
もってくるもの	□ふき口		□ブックバック □体そうふく		□体そうふく	□ふき口 □体そうふく

【毎日もってこよう】 □ハンカチ □ティッシュ □ふでばこ □水とう □けんこうチェックひょう □きゅうしょくセット □マスク(つけてくる) □ハッピーひまわりカード □けいさんドリル・ノート □かん字スキル □プリントぶくろ(ファイル) □よびのマスク

図5 毎日の持ち物が書いてある学校プリント

色々な袋を準備するほかに、筆者自身が少し困惑した経験があります。例えば、体操服のゼッケンの縫い付けはその一例です。ゼッケンは学校によって多少違うでしょうが、縁が0.5センチのところを針で縫い付けるのは、筆者にとって毎年の大作業です。ミシンでなら比較的容易にできるかもしれませんが、ゼッケンのためにミシンを購入する訳にはいきません。

また、入学後の全ての持ち物に名前を書くことなどは学校プリントに明記されています。しかし、学校プリントに書いていなくても、保護者が当然すべきこととして期待されている（やらないと浮く）こともあります。

また、子どもたちはローテーションで給食の配膳及び片付けを分担しますので、週末になると、給食エプロンを持ち帰って保護者に洗濯してもらいます。そこまでは学校プリントに明確に書いてありました。しかし、給食エプロンにアイロンをかけることはどこにも書いてありません。筆者のような共働き保護者は家事労働は最小限しかできないので、アイロンかけはめったにせず、シワにならないように洗濯しています。偶然、他のお母さんがエプロンにアイロンかけしていることを知り、そこから給食袋が回ってきた週末は、筆者にとってアイロンかけ作業の日となりました。

もう一つ日本に来る前には見られなかったことは、「切り取り線」と「押印」という慣行です。切り取り線も押印も、非常に日本独特なやり方であり、ニューカマーの外国人保護者に対して最初に説明してほしいところです。

5 学校行事が難しい

保育園の先生に外国人保護者への支援についてインタビューしたことがあります。外国人保護者とのコミュニケーションの中で、保育園の行事を伝えるのが最も難しいと言われました。同じようなことですが、小学校の教育現場で外国にルーツのある児童生徒を支援している先生の話では、学校行事の全体像、つまり、年間行事やその内容など、外国人保護者がどれくらい把握しているかよく分からないので、不安だそうです。

外国人保護者の視点がわからない先生たちの気持ちはよくわかります。

そこで、外国人保護者の視点から日本の学校行事がどんなものに見えているか、まずご紹介します。

中国で義務教育を受けた筆者自身の経験から言うと、筆者は運動が苦手だったため、運動会にはたった一回しか出たことがありません。しかもそれは、選手としてではなく、入場するときにプレートを掲げる役でした。つまり、中国の学校の運動会は全員参加ではなく、個人プレイやクラス単位での競争であり、上手な人しか出場しないのです[2]。筆者のような出番のない生徒は応援役になったり、場内放送のアナウンサーやレポーターになることを楽しんだりして、選手たちとは違う達成感を味わいました。そこまでモチベーションの高くない人はただ「観客」でいるだけでも良いのです。

自分の子どもを日本の学校に通わせるようになって、日本の運動会では個人プレイがほとんどないことに驚きました。次にびっくりしたのは、家族で応援に行くことです。アニメや友人との会話などを通じて得られた「知識」では、運動会の当日、朝早く起きて家族全員のお弁当を準備するのは保護者の大仕事です。中国では、冷たいご飯を食べる習慣がないので、もともとお弁当を持参する習慣はありません。そもそも、運動会のときに家族が学校に応援に行く習慣そのものがないのです。

外国人保護者の運動会対応について以下のようなエピソードがありました。小学校の先生を対象にインタビューを行ったときに、「運動会にお弁当を持ってきてくれるだけで、子どもと一緒に食べない親がいた」ことを、「納得できない保護者の行為」として指摘されたことが度々ありました。

学校行事の説明が難しいと知っているので、日本語支援の先生は学校行事の前に外国人保護者に「わかりましたか」と念を押すことがあります。それに対して、外国人保護者は、先生の話を聞いたり学校プリントを読んだりして、字面の意味はわかったので、「はい、わかりました」と答えます。でも、そこにはコミュニケーションのずれがありがちです。

2　地域や学校によって学校行事のやり方が違います。本文の記述は、あくまで筆者の経験に基づいています。

運動会の時に会場の設定を手伝うことや、子どもたちを応援してお昼に子どもと一緒にお弁当を食べることは、学校の先生にとっては、保護者がするべき、「ごく当たり前のこと」です。ところが、外国人保護者はこれまで日本と違う環境で育って生活してきたので、その「ごく当たり前のこと」は彼らにとっては「当たり前ではないこと」なのです。

運動会をはじめとする学校行事には、「ごく当たり前のこと」、つまり日本社会に根ざした暗黙の知識が数多く含まれています。日本人同士はそれらを「暗黙の了解」と考えて、言葉を介さなくても「以心伝心」で伝わる事柄、「暗黙知」としています。そうした「暗黙知」を、外国人保護者にどこからどのようにして説明したらいいのか、ずっとこの社会あるいはこのコミュニティで生活している人は気づかないし、説明しようがないとすら、しばしば思われています。しかし、「運動会では子どもと一緒にお弁当を食べてください」と明確に言葉で伝えないと、外国人保護者に伝わりません。

図6の通り、日本の小学校では年間行事が多数あります。学校行事を細かく分けてみると、各学年の行事と全校の行事の2種類があります。各学年の行事は、年間数回行われる「学習参観、懇談会」がメインで、特定の学年の行事が多いです。例えば、6年の「修学旅行」、5年の「自然教室」、4年の「二分の一成人式」、低学年の「学習遠足」など様々なものがあります。全校の行事は時間軸で「赴任式・始業式」、「入学式」、「運動会」、「終業式」、「卒業式」などがあります。また、「日本漢字能力検定」のような公式テストを行う行事や、「家庭訪問」などもあります。

これらの行事は日本人にとって、どれも馴染み深くて常識的なものばかりですが、来日したばかりの外国籍児童や外国人保護者にはとっては案外、馴染みのないものが多いと思われます。そこで、外国人保護者に「常識で判断すれば分かるだろう」と思わないで、どのように行動してほしいのかを明確に伝える方が良いと思います。例えば、授業参観の時は「スリッパ持参」とプリントに書いてあるように、「子どもに声をかけないでください」など、外国人保護者の行動で日頃気になっていることがあれば、箇条書きで注意事項として書いておくと良いでしょう。外国人保護者と接するときは、気になっていることで頭を悩ますのではなく、はっきり言葉を介して伝える方がお互いの理解が進むと思うのです。

平成31年度　行事予定

今年度の行事予定についてお知らせいたします。**予定ですので変更の可能性があります。ご了承下さい。**また、詳細につきましては、別途案内文や学校便り，学級通信等でお伝えいたしますのでご確認ください。

日　程	内　容
4月 8日(月)	赴任式　1学期　始業式
11日(木)	第44回　入学式
22日(月)	学習参観・懇談会　PTA委員総会
26日(金)	歓迎遠足　※予備日：5月17日（金）
5月 7日(火)～13日（月）	家庭訪問
18日(土)	**学習参観・懇談会　修学旅行説明会　おとなの会 総会**
6月 5日(水)	学習参観・懇談会
20日(木)～21日（金）	修学旅行（6年）
27日(木)	新体力テスト
6月29日(土)	日本漢字能力検定
7月 2日(火)	**学習参観・懇談会**
19日(金)	1学期　終業式
8月27日(火)	2学期　始業式
9月 6日(金)	学習参観・懇談会
10月12日(土)	**第44回　運動会　※予備日:10月13日（日）**
21日(月)	運動会代日
11月 6日(水)～8日（金）	自然教室（5年）
11月 7日(木)～9日（土）	学校公開週間
9日(土)	**土曜授業（児童集会）**
11月12日(火)	学習遠足（1・2年生）
12月 7日(土)	**土曜授業（人権学習参観・懇談会）西陵フェスタ　餅つき**
23日(月)	2学期　終業式
1月 7日(火)	3学期　始業式
27日(月)	学習参観・懇談会（4年二分の一成人式）
2月 8日(土)	**土曜授業　日本漢字能力検定**
2月28日(金)	学習参観・懇談会（6年感謝の会）
3月 6日(金)	学習参観・懇談会（1～5年）
18日(水)	第44回　卒業式
24日(火)	3学期　修了式

図6　小学校の年間行事（例）

まとめ

◉日本語力とは関係なく、学校カルチャー語彙は外国人にとって難しい。
◉外国人保護者は日本での初等教育を経験したことがないので、学校のルールや文化を理解するのは非常に難しい。
◉学校行事には暗黙に理解されていることが多いので、日本人にとって当たり前のことでも、外国人保護者には言葉で明確に伝える必要がある。

参考文献

臼井博(2001)『アメリカの学校文化 日本の学校文化—学び のコミュニティの創造』金子書房
小嶋秀夫(1989)『子育ての伝統を訪ねて』新曜社
李暁燕(2016a)「小学校配布プリントおける暗黙的な『日本の学校カルチャー』の分析—外国人保護者 に対する日本語支援の視点から—」『日本語教育学会秋季大会予稿集』, pp.186-191.
李暁燕(2016b)「中国語母語話者の『学校カルチャー語彙』の理解度分析—学校お便りコーパスの複合名詞に注目して—」『言語処理学会第 22 回年次大会発表論文集』, pp.91-94.
李暁燕(2018)「小学校連絡文書の考察—子どもを持つ留学生に対する生活支援の視点からの事例分析—」『留学生交流・指導研究』20 号, pp.17-26.
Lewis, C.(1995) *Educating Hearts and Minds: Reflections on Japanese Preschool and Elementary Education*. Cambridge University Press.

日本の小学校とのコミュニケーションの難しさ

Thu Huong Nguyen（石川県在住／ベトナム出身）

外国人の母親としては、日本の小学校とのコミュニケーションでは、まず言葉の問題が一番難しいと思います。母国語のベトナム語はローマ字表記で漢字がありませんので学校からお便りが届くたびに、漢字を調べるのが大変です。特に日本の小学校はベトナムの小学校よりお便りが多いので、全部読むためにとても時間がかかります。

私は、幸運なことに、日本に来る前に 5 年間大学で日本語を学んでいました。日本に来てからも日本語能力試験の N1 を取ることができたので、言葉の壁を乗り越えて小学校の先生と会話します。しかし、日本とベトナムの教育システム、文化が違うので先生との考え方の違いで、通じない時もあります。

自分は日本の小学校の体験がなく、イメージがわかないので、最初はかなり不安でした。自分の体験したことと違う教育方針、考え方を少しずつ経験しながら慣れてきました。例えば、ベトナムでは小学生は送り迎えかバスで登校します。日本では子供を自立させて、体力を上げさせたいため、集団登校をします。家から学校まで結構離れていたり、危ないところがたくさんあったりするので心配です。特に帰る時に、迎えにいきたいですが、迎えに行くほうがいいか、行かないほうがいいか、迎えにいきたいならどういうふうに先生に説明すればいいかわからないです。

その他、勉強に関してはベトナムの子は親によく手伝ってもらっています。それに対して、日本の子供はなんでも一人でします。子供の勉強に関して親はどのようなサポートをすればいいかとても悩んでいました。

学校生活、学外活動で何があるか、親は何を準備する必要があるか、子どもをどうやって支えればいいかわからないです。お知らせが届いてもはっきり分からない。毎回先生と連絡して、詳しく聞くと、先生に迷惑をかけるので、わからないままで流すこともあります。

ベトナムでは、子供が学校に行くなら、保護者はほとんど学校の先生に任せます。日本では小学校と保護者の協力が必要です。保護者は、年間のイベントや活動（例えば参観日、親子レクリエーション、運動会、PTA 会議、地区子供会）などに参加しなければなりません。専業主婦でも大変ですが、働いているお母さんたちはもっと大変です。保護者会の時に、先生や他の保護者たちと相談したり、交流したりしたいのですが、うまく自分の意見が言えないと思い、結局何も言えない時もあります。

日本の学校とコミュニケーションする時は色々大変なことがありますが、外国人の先輩ママから助言をいただいたりすることによって少しずつ慣れてきました。一人目の子供の経験を二人目の経験に活かしているので、先生と会話する時にもどんどん自信がつきます。子供が日本で生まれて、日本の小学校から勉強、自立、譲り合い、助け合いなどを学べて良かったと思います。

外国人保護者の気づきと提案

李暁燕（九州大学）

多言語の活用—外国人家庭では学校カルチャー語彙をこう使っている—

日本の小学校に入学した娘が高校生になり、筆者の日本での保護者歴はかれこれ10年を超えました。最初のうちは学校プリントの内容を読み取るのに毎日神経を使っていましたが、いつの間にか余裕を持って学校プリントが読めるようになりました。毎日、特に金曜日に下の子どもが大量のプリントを持ち帰ってきますが、一瞬で「要保存」、「一部メモ」、「捨てて良い」と見分けています。

日本在住の外国人家庭の多くは、母語維持と母語継承のために家庭内で日本語でなく母語を使っています。ただし、日本社会で生きていく以上、日本語のできない親はともかく、一般的には家庭用語を全て母語にするのも難しいところがあります。学校カルチャー語彙は、外国人家庭でも全て母語に置き換えているところはないようです。筆者は、中国人の保護者3人（いずれも来日10年間以上、日本語力上級）を対象に、学校カルチャー語彙について家庭でどのような言葉で表しているか調査しました。その結果を以下に示します。

表 1　中国人家庭における学校カルチャー語彙の使用状況（一部）

	A さんの家庭	B さんの家庭	C さんの家庭	分類
授業参観	参观上课	J	参观上课	中国語訳・J
始業式	开学式	J	开学典礼	中国語訳・J
体操服	体操服	体操服	体操服	中国語読み
連絡帳	联络本	J	J	中国語訳・J
懇談会	家长会	恳谈会	恳谈会	中国語訳・読み
修学旅行	毕业旅行	修学旅行	修学旅行	中国語訳・読み
学習参観	参观学习	参观学习	参观学习	中国語訳
学校行事	学校活动	学校活动	学校活动	中国語訳
給食費	饭费	给食费	午饭钱	中国語訳・読み
通学路	通学路	上学的路	去学校的路	中国語訳・読み
鍵盤ハーモニカ	吹风琴	J	J	中国語訳・J
自然学校	自然学校	自然学校	自然学校	中国語読み
集団登校	通学班	登校班	J	中国語訳・J
クラブ活動	J	J	J	J
家庭学習	家庭学习	家庭学习	家庭学习	中国語読み
時間割	课程表	课程表	课程表	中国語訳
委員会活動	J	PTA	J	J
校外学習	校外学习	校外学习	校外学习	中国語読み

（J：日本語の語彙をそのまま使う；中国語訳：中国に翻訳して使う；中国語読み：日本語の漢字を中国語の発音で読む）

ここからは次のような傾向が読み取れます。

1）「中国語訳」が最も多いです。例えば「授業参観」は中国語に直訳して「参观上课」になります。述語を目的語の後ろにつけるのは中国語文法と真反対ですのでそれを中国語の語順にしています。また「飼育小屋」はそもそも中国の小学校には無いものなので、意訳で「小動物を飼う部屋」に当たる言葉で表しています。

2）日本語の漢字をそのまま中国語の発音で読むという「中国語読み」がその次に多いです。「体操服」、「自然学校」、「懇談会」、「修学旅行」などの言葉は中国語の文法の視点から見ても違和感がないようです。

3）日本語をそのまま使う言葉も多いです。「鍵盤ハーモニカ」、「給食袋」、「子ども会」など日本の学校にしか見られない物事は日本語をそのまま使うのがふつうでしょう。そして、「上履き」、「連絡帳」、「クラブ活動」、「職員室」など日常的によく使われている言葉はなじまざるを得ないので、そのまま日本語を使っています。海外に長く滞在する日本人が会話の中で時々英単語をまじえていることと同じです。

4）もう一つ面白い現象は日本語の学校カルチャー語彙を別の日本語に言い変えて使っていることです。「学校お便り」を調査協力者は「プリント」と呼んでいます。また、学校カルチャー語彙にはない語彙のエピソードですが、中国から女子児童が転入してきたときに、先生に「軍手を準備してください」と言われたそうです。彼女が「軍手はなあに？」と先生に尋ねると、先生は実物を見せてくれました。そこで、「ああ、白い手袋ですね」と女子児童は日本語で言い換えました。中国では、「軍手」は「白い手袋」と呼ばれるからです。

小学校では「外国語活動」と言う科目がありますが、その科目の中で、外国籍の児童の家庭が、学校で使われている言葉（学校カルチャー語彙）をどのように表現しているのかを発表してもらったら、より良い外国語活動の実践になるではないでしょうか。

絆・ギャップと暗黙のルール
―学校教育、PTA、コミュニティを外国人保護者はこう見ている―

日本の学校においてPTAは学校や学校活動を支援する諸活動を通して様々な役割を果たしています。PTAは戦後アメリカのPTAの理念を引き継ぐものとして作られた組織ですが、そこから長い期間を経て日本の社会的風土に根付いています（明石・他，1995）。学校教育、特に小学校の教育は、児童が自分の価値観を確立する前からされるものなので、児童には自然なものとして受け入れられていると思います。また、自国で学校教育を受けてきた教員は、自分の経験した学校教育を「当たり前」として捉えることが多いです。このようなプロセスで、学校教育の伝統やカルチャーが生まれ、継承されていくと考えられます。こうした学校文化の継承に良い点が多々あることは否定できません。しかしながら、学校文化の中に改善すべき点がある場合には、学校文化に慣れている教員は、自らの「当たり前」を客観的に捉え直す必要があります。その場合は、「よそもの」の声を聞くのが選択肢の一つになるでしょう。

筆者のような外国出身の保護者の中には、日本での高等教育を経験した者は時々いますが、日本の初等教育を経験した者はほとんどいません。いざ自分の子どもを日本の公立小学校に通わせると、どうしても日本の初等教育を自分が母国で経験した初等教育と比較してしまいます。すると、自分にとっての「当たり前」は日本では「当たり前」ではなくなります。その際に、感心することもありますが、違和感を覚えることも出てきます。

筆者は2020年7月より電話とSNSを使い、関東のある歴史のある町に住んでいる外国人保護者Aさん（中国出身，日本滞在歴20年，日本語能力試験1級，小2と小6の2児の母）にインタビュー調査を行いました。Aさんは2019年4月より1年間小学校PTAの広報委員会の委員長を担当しました。前述の「外国人保護者への許容度」(p.18) でも触れたように、広報委員の主な仕事は年3回の広報紙の発行であり、そのためには学校行事やPTA活動を取材し、印刷会社と交渉するために毎日のように学校や地域コミュニティとコミュニケーションを取っていました。Aさんからは、インタビューだけでなく、Aさんが広報委員長を務めた時に作成した小学校の広報紙、広報委員会メンバーの会議記録、及びAさんが残した気付きノートも資料として調査させてもらいました。それらのデータを「学校の行動規範」、「コミュニティの行動規範」、及び「PTAのあり方」に分類し、各項目における「絆」、「ギャップ」と「提案 」の要素を分析しました。

その結果、それまで地域のコミュニティと深く関わったことがなかったAさんが、広報委員長としての活動を機に日本の学校文化及びコミュニティについて理解を深め、コミュニティの一員という帰属意識をもつようになったことが分かりました。以下にAさんの話は中国語で語られ、筆者が和訳したものを紹介します。

・この1年間の委員長の仕事を通して、学校のことはもちろんたくさん勉強になりました。地域のことはこれまで漠然としていたが、周囲の人々のことを初めて少しわかってきたような気がしました。

・最初は委員のお母さんたちの会話に追いつけない。日本語がわからないのではなく、文脈がわからない。仲間外れされている感じ。この1年間の仕事を通じて、お母さんたちの、そこのお家はこうだあそこのお家はああだ、というお喋りが少しわかるようになりました。

しかし、コミュニティの見えない壁にも気づかされました。この「壁」とは、PTA活動に関する各種のルールでした。ルールの中では、毎年PTAの引き継ぎ書類に明確に書いてあるルールと、どこにも書いていない「暗黙のルール」がありました。

例えば、毎年PTAの引き継ぎ書類に明確に書いてあるルールは以下のようなものがありました。

①学校の先生に電話やメールでの連絡はできない
②学校では個人のUSBメモリーとSDカードが使えない
③原稿は電子ファイルでの提出はできない。印刷して学校に持っていかなければならない

Aさんは、まず、PTA委員が学校と連絡を取る時に電話やメールを使わないことに不便を感じました。

・電話とメールが使えないため、毎回学校に行かないといけない。このルールの意味がどこにあるかわからなかったです。学校に行ったときに教頭先生がいないときや学級主任の都合のつかないときに、メッセージを残してPTA室で待ちます。時には2時間も待たされることもありました。前もって電話で連絡できないからPTA役員の時間が無駄になることが多いと考えられます。

次に、学校では個人のUSBメモリーとSDカードが使えないために、広報誌の確認はすべて紙で作業することになり、大変でした。

・広報誌の編集は、PTAのSDカードに写真を入れてもらって家に帰ってきたら自分のパソコンに入れて編集します。その後、教頭先生が紙に書き込んで修正し、広報担当の先生が原稿を確認し修正します。さらに学級主任の先生も修正するので、原稿が戻ってきたときには、何が書いてあるかわからないくらいに修正が書き込まれています。その後、PTA役員がパソコンで編集し、さらに紙に印刷して確認してもらいます。「学校側が紙で確認→PTA役員がパソコンで編集→紙に印刷し、学校側で確認→印刷所で印刷し、さらに確認」というサイクルでした。

PTAに関連する活動で、どこにも書いていないが確実に存在している「暗黙のルール」もたくさんありました。日本の中では古い体質が残っている地域の例かもしれませんが、次のようなインタビューの回答もありました。学校のイベントの際にコミュニティの誰に頼んでどの場所を借りるのか、印刷の発注や消耗品の購入は値段が高くても定められた店に依頼するなどです。そして、数多くの暗黙のルールに気づき、ギャップを感じたこともありました（李，2020）。

イ）人間関係も規則も表に出ないものが多い

・クラスに常に中心となっている女の子がいて、見た目は特に運動や勉強ができるということではなく、なんとなくいつもみんなの中心となっている気がしました。ある時の委員会でチラッと聞いたのですが、おじいちゃんは地元の議員だとわかりました。このように、保護者の人間関係は子どもの関係にも影響が出ることがわかりました。

ロ）PTAの会長は地域に影響力を持っている人

・地元で顔が広い方です。おじいさんの時代から地元で電気屋さんをやっていました。今の市長と同級生で小学校からのお友達ですので、このような（コネクションを持っている）人が多いです。そこで（有力者と）話しやすいところがあって。このような「繋がり」が「深い」。外部の人や外国人には全く知られていない人です。誰も口に出さないから。このようなコミュニティに仲間入りは難しい。本当の「根」がないですから。外国人だけじゃなくて、新たに入ってくる住民も仲間に入れないでしょう。このようの会長は学校の顔。特に仕事をしなくて良いです。何人か仕事できるお母さんがいれば（PTA の）仕事ができます。

ハ）コミュニティの共生関係

・子供たちが御神輿を担ぐイベントがあり、撮影をする必要がありました。ですが、その時期は PTA 委員の保護者は忙しい時期で、その地域でお店を経営している保護者さんにお願いをすることになりました。その保護者さんのお店は学校のイベントなどで食べ物や飲み物を提供しているそうです。このお店のように、学校イベントには地元のお店、花屋、印刷所などの協力で共生関係が成り立っているようです。

A さんは地元に繋がりの深い人に副委員長をお願いして、メンバーに協力してもらい仕事をやり遂げました。そのプロセスの中において地域で生活するストラテジーに気づき、初めて溶け込むことができました。地域に新しく引っ越してきた日本人でも同じような経験をするケースが多いと思います。「外国人だからわからなくても非常識と思われずに何でも親切に教えてもらえた」との指摘があったように、外国人保護者や新参の日本人に対して、地域の暗黙のルールをより言語化して伝えてもらうことの必要性を感じました。

A さんのことを通じて外国人保護者でもコミュニティの一員として PTA の役員の仕事ができることがよくわかりました。外国人保護者の異なる視点は、コミュニティにおける各種の「当たり前」を見直す機会になりますし、コミュニティに貢献することにつながります。

アイデンティティの変容ー学校教育をこう改善してほしいー

Osler & Starkey（2005）が論じたように、シティズンシップは戸籍や住民関係などの政治的状態だけでなく、帰属意識を意味する場合もあります（Citizenship as a sense of belonging）。Melucci（1996）は、アイデンティティはあらかじめ与えられた固有の諸特徴というより、むしろわれわれの意識的活動の産物であり、あるいは自己省察の結果なのであると指摘しましたが、シティズンシップはアイデンティティと深く関わっており、所属しているコミュニティについて所属意識が生まれ、また自分の中で省察し、その所属意識が深まっていきます。その結果はシティズンシップとなります。

Little（2002）は「コミュニティ」は他者への尊敬や「差異にもとづく連帯」のための徳性をはぐくむ場として再定義されると論述しました。そして、マイノリティのメンバーに対して、常に支援するという視線より、同じコミュニティの中で同じ利害関係をもつ者として連帯して参加することを提案しています。

前節で話したAさんはPTAのあり方及びPTAと学校との連絡方法について、具体的に下の図のような提案をしました。それは、そのコミュニティへの参画意識及び帰属意識が高まった証拠とも言えるでしょう。

反省会ノート

良い点	・校正作業を集まりやすい時間・場所でできたのが良かった。仕事をしながらPTA活動に参加するハードルが下がった。 ・学校に行く機会が多くなり、子供の様子がよくわかった ・PTA組織が存続し続けることができるのは、できる方が頑張っていただいていることと面倒見の良い執行部さんのおかげだと感じた。 ・平日朝9:00集合は効率的だった（週明けでなければ更に参加しやすい ・広報委員でなければ参加できない学校行事に参加できて良かった ・取材時に写真を多めに撮っていたので選りすぐった写真を掲載することができた。今後に生かしていきたい ・取材は大事。忘れないうちに、手書きまたはラインにあげて情報共有できたので紙面を作る人が困らなかった。
要改善&提案	・撮影不可児童に目印（例えば、首元にリボンとか・・・）つけてもらうようにするか ・写真の取り扱いルールを決めたりして、撮影を携帯でもできるようになったらいい ・広報の係決めの時に、学年ごとに分かれるのではなく、デザイン作業できる人、平日昼間に写真撮影に来やすい人、文字起こしできる人とか ・あらかじめ、役割分担を明確にした上で、班分けをするとバランスがとりやすいのではないか ・一学期号は初めて作って分からないことが多いので、入学式のときとか執行部か広報担当の先生に撮影をお願いできると効率がよいのでは．．． ・撮影時の背景に注意。今期「防災倉」とか消したりして大変だった。修正のないように場所を固定してほしい ・広報誌の過去データがなく、一から作る手間が大きかった。専門業者に頼めるとありがたい ・先生方との連絡手段が直接やらなければないないため、何度も学校に出向いて大変だった。TELやめーるで連絡が取れるとやりやすい ・広報誌の発光回数を前期、後期など２回程度にできればPTAも先生も負担が減ると思う ・レイアウト、最後の編集作業が初心者には難しい ・日程変更が多かった。取材にいける保護者が少ないので学校提供できないでしょうか ・広報委員は人気がないので、保護者の負担が減れば多くの方ができるのではないかと思う ・運動会など、保護者が参観できる行事より普段、保護者が立ち入れない行事を乗せた方が保護者の方も喜ぶのでは？ ・２学期号の内容は広報誌をやらなくても良いのではないでしょうか？１学期号と３学期号の発行のみ

図１　Aさんによる小学校への提案

ここまで、学校教育及びPTA活動について外国人保護者の視点からギャップを感じたところをメインに述べてきました。こうした外国人保護者の観点を参考にして、それらの仕事を見直して組織や仕事内容を簡素化できれば、日本人保護者も外国人保護者も、もっと気軽にPTA活動に参加できるようになるのではないでしょうか。以下では、PTAなどの学校関連活動と学校プリントのあり方について、筆者がインタビュー調査を行った外国人保護者の観点や外国人保護者である筆者の経験を主に参考にして、いくつかの点について提案してみたいと思います。

1）PTA などの学校関連活動

外国出身の保護者の中には積極的に PTA に関わろうとしている人もいますし、日本語がわからないと言うことで遠慮してしまう人もいます。PTA 活動への参加を遠慮する人の気持ちもよくわかります。一外国人として見知らぬグループに入って一緒に仕事するのは勇気がいります。外国人であるために溶け込めなくて孤独を味わうこともあるだろうし、他のメンバーと平等に仕事ができなくてグループの人たちに迷惑をかけてしまうこともあるでしょう。一方、PTA 活動を通じて学校の先生と良い関係を築き、交流ができることを望んで積極的に参加する外国人保護者も数多くいます。

それらの積極的に関わった人たちも、日本の PTA について少し違和感を覚えたようです。まず、その組織の厳密さです。PTA 会長の下に「総務」、「交通」、「会計」、「学級委員」、「広報」などの委員会があり、そして各委員会には「委員長」、「副委員長」がいます。次に、委員会によって仕事の負担量に差があることです。例えば広報委員会は年に 3 回ぐらい広報誌を出し、一つの学期に 7 つ前後のイベントを取り扱うため、広報委員はほぼ毎週のように仕事をこなさなければなりません。撮影、関係者へのインタビュー、外部へのインタビュー、印刷業者とのやりとりなどの仕事です。

PTA について、外国人保護者の間から以下のような改善意見が出ました。

＊組織の簡素化

PTA はボランティア組織ですが、先に述べたように厳密な組織を持っています。筆者は PTA 活動について日本人保護者と話したことがあるのですが、その保護者は「子どもの在籍の間にどうせ一回はやらないといけないので、どんなタイミングでどの委員会に入ったら労力少なく済ませることができるかを考えている」、と言っていました。どうも、日本人保護者の間ではそのように考える「暗黙の了解」があるようです。この点から、日本人保護者でさえ、PTA 活動は大変だと考えていることがわかります。

＊仕事の軽減

共働きの家庭が増えてきたため、昼間に PTA の会議に出席することが難しい保護者が増え、近年は夕方や夜に集合する PTA の活動が多くなってきたようです。それでも、筆者のように出張が多いと、夕方や夜に開催される会議であっても、やむを得ず数回欠席しなければならず、その結果、居心地が多少悪くなってしまいました。また、委員長を担当したことのある友人によると、よく欠席する人は裏で愚痴を言われる恐れがあるようです。今後、コロナ時代の経験を活かしてミーティングはなるべくオンラインで行ったり、仕事の量を見直して、減らせるところを減らしたりすることを積極的に検討していくべきでしょう。

＊母親だけでなく、父親の出番を増やす

男女平等という建前からしても、母親である PTA 委員の仕事の軽減のためにも、PTA 活動における父親の出番を増やすべきだと思います。日本は他の国と比べると、育児のほとんどの仕事を母親が担っていることは否定できません。日本社会では少しずつ育児パパ（育メン）が増えてきましたが、ワンオペで育児している母親の存在がいまだに目立ちます。子供会や PTA 活動でも父親の姿が見えないのが当たり前とされています。周りの母親がそのことを誰も問題にしないのは少し不思議に思いました。

もちろん、地域の差もあると思います。筆者が石川県に住んでいた時には、居住エリアに大学院の教職員宿舎、学生宿舎があったため、他のエリアと違う空気がありました。子供会や小学校のPTA活動において、父親はテントと道具の運搬、交通安全指導はもちろん、活動全般に参加していました。そして、小学校の懇談会は夕方以降に設けられていました。日本社会では、仕事している母親のことを十分に配慮するようになったと感心していました。しかし、九州に引っ越してきてからは、上記のような父親たちが活躍している姿は見られなくなったので、この点まだまだ日本社会の課題なのだと再認識しました。

2）保護者の仕事とビジネス連携の可能性

＊ゼッケン

筆者がある学会で学校プリントについて発表した際に、日本人の方に声をかけられました。自分は毎年飛行機で福岡に飛んで、妹の子どものためにゼッケンを縫っている、と話してくれたのです。外国人保護者にとっても、ゼッケンの縫いつけは大変な作業です。他の国の学校行事でゼッケンが必要だとしたらどうなるだろうと考えると、ビジネスになっているではないかと思いました。マジックテープのゼッケンや、名前の印字サービスの提供などもビジネス化が考えられます。そうしたビジネスがあれば、保護者の負担が少しであっても減ることでしょう。

＊持ち物の準備と記名

子どもが低学年のうちは、持ち物の記名は保護者の仕事だと思います。特に入学シーズンでは、学校からもらったプリントを見ながら、各種のバッグや学習道具をリスト通りに揃えるのはたいへんな仕事でした。それからさらに、教科書、ノート、色鉛筆、クレヨンなどなど数多くのものに、名前を書かなければならないのです。学校連携の業者が記名付きの「入学用品パッケージ」を準備してくれたら良いなといつも考えています。

3）学校側と保護者のコミュニケーション

＊電子掲示板、Eメールの活用

従来の紙の学校プリントには日本の学校文化が凝縮されている面があり、完全にやめることは難しいでしょう。それに、学年の先生方の紹介、年間行事の紹介、学年カレンダーなど1年間保存して参照するものや、時間割、持ち物リストなど子どもが自分で確認するものなどは、紙のプリントは使いやすいです。しかし、それ以外のプリントの内容は電子掲示板、Eメールなどを活用すれば、プリントを整理する手間が掛からなくて済むうえに、外国人保護者は翻訳アプリをもっと気軽に使えるようになるという利点もあります。

＊双方向のコミュニケーションのツールを構築する

授業参観の後に学級懇談会が設けられている場合、保護者が直接担任の先生とコミュニケーションできますが、保護者が担任の先生と学校側にもっと気軽にコミュニケーションできる場が必要だと思います。保護者は学校に連絡しようとする時に、電話やファックスを使いますが、担任の先生は授業に出ていたりして職員室にいない時が多いのでなかなかつながらないようです。Part1の冒頭で述べたように中国やヨーロッパでは、保護者と学校の先生はSNSや書き込みができる電子掲示板で連絡を取っています。そうしたデジタルメディアを利用する方が、電話より気軽に意見交換ができるというメリットがあると思います。

外国人保護者はそれぞれ理由があって日本に在住していますが、子どもにとっては、日本は単に親に連れてこられている「外国」ではなく、「故郷」になります。どの国の出身の子どもたちも自分に合った教育を受けてすくすく成長できるように、外国人保護者は日本の教育がより良くなってほしいと願っており、できればそのために貢献したいと考えています。マイノリティのメンバーが常に支援されるべき存在にとどまるのではなく、同じコミュニティの同利害関係者として連帯して参加できるようにすることが有意義だと、一外国人保護者として考えます。「コミュニティ」は、他者への尊敬や「差異にもとづく連帯」のための徳性をはぐくむ場として再定義されるとLittle（2002）は論じましたが、そのような助け合い、貢献し合うコミュニティを共に構築したいと思います。

まとめ

◉外国人家庭では多言語を活用している場合が多い。それを学校教育に活用できると良い。

◉ PTA 活動に暗黙のルールが数多くある。外国人保護者は PTA 活動を通じて学校及びコミュニティに絆が生まれるが、ギャップもある。

◉外国人保護者の視点から PTA 関連の改善点、保護者の役割とビジネス連携の可能性、及び双方向のコミュニケーションツールの提案。

参考文献

明石要一・高野良子・小谷教子・西成田道子・藤田房子・保村純子（1995）「PTA 役員経験の教育的効果の分析」『千葉大学教育部研究紀要』 I 43，pp.75-104.

李暁燕（2020）「絆・ギャップとシティズンシップの変容―外国人保護者の PTA 役員のインタビュー調査から―」シティズンシップ教育研究大会 2020（Online）

Little, A.（2002）The Politics of Community: Theory & Practice, Edinburgh University Press.（福士正博・訳，2010『コミュニティの政治学』日本経済評論社）

Melucci, A.（1996）*Playing Self: Person and Meaning in the Planetary Society.* Cambridge University Press.

Osler, A., & Starkey, H.（2005）*Changing citizenship.* McGraw-Hill Education（UK）.

外国人保護者がPTA役員をうまくこなすために

陳穎（埼玉在住／中国出身）

日本独特の学校文化との関わり方、特にPTAとの関わり方に悩んだ経験がある在日外国人は少なくはないと思います。

私は、くじで見事に大当たりして、小学校の娘のクラスのPTA役員の中でも一番大変そうな広報委員長になってしまいました。その時のショックは忘れられません。でも、その時、執行部の方は「大丈夫、一緒にやりましょう」と励ましてくださいました。その一言で、気持ちを切り替えて楽しくやろうと覚悟をきめました。

その広報委員長としての経験を振り返ってみて、外国人保護者がうまくPTA活動するための注意点を次の6点にまとめてみました。

①言葉の壁を乗り越えるのが、スムーズに活動できる第一歩です。

単純に日本語の一般的なスキルを高めることではなく、PTA活動でよく使われる言葉の意味を正確に把握することです。PTA活動の引き継ぎのマニュアルがあれば、それを熟読するのが言葉の壁を越える近道です。

② PTA経験者からいろいろとアドバイスをいただくと、うまく活動することに繋がります。

私が委員長のときの副委員長と何人かの執行部の方は経験者でもあり、優しくていつも親身になってご協力くださいました。また、広報紙の作成や写真撮影などの秘訣も得意な方に教えていただきながら、いろいろとトライしてみました。

③活動への意気込みと、一生懸命頑張っている姿勢を見せることも大切です。

外国人だから、できなくても当たり前という態度だと、周りの日本人と言葉以上の溝が生まれます。外国人だからこそ、言葉の足りない分は行動でがんばって補うように心がけましょう。

④ PTAはあくまでもボランティア有志の活動なので、委員はそれぞれの家庭や仕事の都合を配慮した上で役割を分担するのがよい、と思います。

広報委員会では、休みを取りにくい方は広報誌のデザインやコメントの作成など、自宅でできる仕事を行い、学校イベントに積極的に参加できる方は、写真撮影や取材の仕事を行う、というように仕事の振り分けを工夫しました。

⑤場合によって、外国人だからこそ、日本人の常識の枠に囚われず、客観的にアドバイスできることがあります。

当時、共働きママが多いことを考慮して、私は委員長として、LINEグループを最大限に活用して委員会の回数を極力減らし、委員会の時間も、仕事に支障のない朝や夕方の時間帯にするように提案して、熱烈な賛同を得ました。

⑥ PTAは学校側と連動して子供達の学校生活をサポートする組織なので、先生方とのコミュニケーションもとても大事です。

近年、PTAの存在意義やあり方が議論されています。確かに、仕事や育児が忙しい中、時間を割いてPTA活動に携わるのは大変です。しかし、PTA活動は苦労だけではありません。素敵な出逢いに恵まれたり、新しいスキルを習得したり、より近くで子供たちの成長を見守ることができます。子供たちが素敵な笑顔になれるような環境を作るために、外国人保護者も恐れずPTA活動を積極的に参加する価値があると思います。

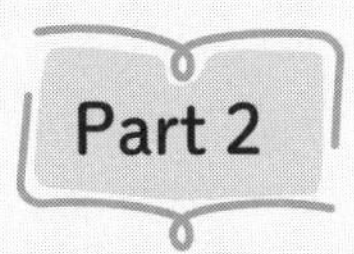

学校教育現場の先生の声

日本語指導側から見る外国人保護者の困った行為

李暁燕（九州大学）

「使用後の水着を布の袋に入れるの ?!」、「持ち物の箱は（ビスケットの箱を想定したが）段ボールを持ってきた !」、「（毎年必ず提出される）保健調査票も家庭調書もまた提出してないんだ」と外国人保護者の行動に頭を抱えている教育現場の先生は少なくないでしょう。筆者は福岡市公立小学校に設置されている日本語指導集中教室（拠点校）の日本語教師、及び九州地域の日本語指導サポーターにインタビューを行いました。そして、学校とのコミュニケーションに支障が生じる恐れがあると考えられる外国人保護者にある行動をまとめてみました。

もちろん、外国人保護者の中にも、来日した早い時点から日本の教育システムを理解して、日本人保護者と同じように学校への対応ができている人もたくさんいます。「外国人保護者」という一括した表現は、外国人にはこのような傾向があるというステレオタイプな見方につながるおそれがありますが、それは筆者の本意とは全く逆です。この章で外国人保護者について挙げることは、インタビュイーの先生たちが日頃の教育現場でぶつかったこと、違和感を覚えたこと、またコミュニケーションがうまく取れなかったことを分類してまとめた行動パターンです。これから外国人保護者を支援する方、これから日本で子育てをしようと考えている外国の方に少しでも参考になることを目指しています。以下、協力者の話を「日本人教師の声」、その考えられる原因・理由を「外国人保護者の声」に分けてまとめていきます。

1）遅刻を気にしない

日本語指導側の声：日本人保護者と比べると、時間にルーズなところが気になります。コミュニティのイベントはもちろん、学校の授業に対しても、遅刻することにあまり抵抗がないことに悩まされています。

外国人保護者の声：日本の「皆勤賞」またそれと関連する「内申点」は、日本独特のもので、日本で子どもが進学する時に初めて重要だと気付くことであり、普段は気にしていないことです。日本での進学を考えている外国人保護者に、そうした情報を教えてもらえれば助かります。

2）学校を休むことに抵抗がない

日本人指導側の声：コミュニティのサポーター経由で、外国人児童の欠席が知らされることもあります。サポーターに朝一番で、外国人保護者からSNSのメッセージが来て、子どもを歯医者に連れて行くから学校を休むと小学校に連絡してほしい、と知らせがあったとのことです。通学時間に歯科に連れて行くと言う親の都合で気軽に学校や日本語教室を休ませるところに違和感を覚えました。

外国人保護者の声：日本語でどう連絡したらいいか分かりませんし、仕事や研究など自分のことだけで精一杯で全然余裕がないです。毎回他人にお願いして学校に連絡してもらうのは申し訳ないので、つい黙って休ませてしまうこともあります。

3）学校プリントの管理ができていない

日本人指導側の声：学校のスケジュール、持ち物、時間の書いてある箇所は特に重要なため、写真にとって保存してくださいとサポーターが何回も指導するのですが、それに従ってくれませんし、学校プリントをすぐなくしたり、ごちゃごちゃになって見つからなくなったりすることが多いです。学校プリントの大事な箇所を写真に撮ったりしてデータで管理できれば、Google翻訳アプリやSiriなど便利なものを活用できるのに残念です。

外国人保護者の声：日本に来て初めて学校プリントを見ました。子どもが毎日たくさん持って帰ってきます。兄弟がいるとわけが分からなくなって捨ててしまいます。それに、読んでもよく分からない日本語で書かれているので、読まないことにしました。子どもが高学年の場合は、学校のことはすべて子どもに任せました。

4）教育システムの全体像を把握できていない

日本人指導側の声：外国人保護者のコミュニティの中で広まっている進学情報（進学校の情報に偏っているようです）が、実態とかけ離れていることがあります。そのことにストレスを感じている外国人保護者が多いです。

外国人保護者の声：海外では良い学校区に住むと良い進路につながることが多いです。日本の公立学校は校区と関係なく同程度の公的予算で運営されており、教員のレベルも同程度ということは知らなかったです。子どもの教育に熱心な親ほど、来日前からサイトや知人の情報を得て、進学校が多い区域に集中して住むようになってしまいました。

5）保護者としてやることに慣れていない

日本人指導側の声：子どもの宿題や時間割の確認、学校プリントの提出などに慣れていません。宿題の丸つけと押印（署名）をしないまま学校に提出してしまう外国人家庭が多いです。また、返信が必要な学校プリントだけでなく、「保健表」と「家庭調書」などの重要な文書も提出しない外国人保護者がいて、学校の先生から何回連絡しても反応がないといった困ったケースがどの校区にもありました。さらに、授業参観には来ますが、学級懇談会になると帰るパターンが目立ちます。

外国人保護者の声：自分の国では、宿題の丸つけと押印の習慣がありません。書類の日本語がむずかしいので、どんな書類をどのように書いて提出するかよく分からないのです。授業参観は楽しいですが、懇談会に出席しても、周りの日本人保護者に無視されて寂しいので参加しないようになりました。そうしたことが、担任の先生とのコミュニケーション不足や、他の日本人保護者と交流できないことにつながっています。

6）家庭での習慣やしつけが違う

日本人指導側の声：風邪で学校を休んだ児童のことが気になって家庭訪問をしました。その時に、風邪をひいた子どもを冷たいお風呂に入らせているのを見て、びっくりしました。また、子供の叱り方が違っていて、あまりに激しい言葉遣いで叱るので、しつけというより虐待ではないかと心配してしまったことがありました。

外国人保護者の声：熱帯にある母国では熱がある時に冷たいお風呂に入れさせる習慣があります。子どもが小さい時には厳しくしつけをすることが大事だと考えています。

7）子どもにとっての親の迷惑行為

日本人指導側の声：小さい子を子供用自転車に乗せて幼稚園に連れて行く親がいました。また、低学年の子どもが登校する際に、スマホのゲームをいっしょにしながら駅まで送っていく親がいました。学校の給食を宗教の理由で食べられない子に毎朝お弁当を準備する親がいます。時々間に合わなくて昼ごろ学校まで届けにくるのですが、子どもがそわそわして学習に集中できないケースもありました。

外国人保護者の声：日本はどんな細かいことにもルールがあり、人の目を気にする習慣があって、みんな同じパターンで行動することが多いです。それを一々気にして守るのはストレスがたまります。子どもは子供用自転車に乗れるようになって楽しそうだから、幼稚園に行くのに子供用自転車に乗せました。子どもを送っていくときに、一緒にスマホゲームで遊ぶのは楽しかったです。お弁当はお昼ご飯の時間に間に合えばいいと思って、届けに行く時間が不規則になってしまいました。それはダメなことなのでしょうか。朝から持参するようにと教えていただかないと、そうした規則があることを知りませんでした。黙っていて、陰口などを言うのではなく、直接明確的に教えていただければ守ります。

教育現場の先生とサポーターは、様々な文化背景を持っている児童やその保護者と触れ合い、柔軟な態度と臨機応変に対処できるスキルが求められますが、どこでも通用する一般的なガイドラインがないので、それぞれの経験知に負っているところが多いようです。異国の地で子育てしている外国人の保護者はわからないことがたくさんある状況なので、学校の先生と地域のサポーターに頼れるのは非常に助かります。日本ほど他人の目を気にする文化は少ないため、普通の日本人の保護者から見ると、多くの外国人保護者の態度については、大雑把でいい加減といった印象を受けることが多いかもしれません。しかし、冷たい態度で距離を取るよりは、時には、真正面から日本の学校はこうだから親としてはこうすべきではないかと率直に教育現場の考えを外国人保護者に話す方が、お互いのためになることが多く、その後の交流のきっかけにもなるのではないでしょうか。

まとめ

◉日本語指導側に見えてくる外国人保護者の困った行為がある。

◉日本人教師と外国人保護者はそれぞれの思い込みがあって相互理解できていないところがある。

◉教育現場の話を率直に話すことが、お互いのためになり、交流のきっかけにもなる。

外国人保護者に学校のことを伝えるコツ

平山智子（小学校日本語教室教諭）

筆者は、私の小学校に入学および転入してきた日本語指導の対象児童に、学習や生活面の支援をしている教諭です。仕事の内容は、学習面では対象児童の日本語指導や日本語の表現を基本にした教科指導、生活面では児童が学校生活に適応するための指導、それから担任や学校の職員が外国人保護者とスムーズに連携していくための支援です。

外国籍の児童や保護者が日本の学校生活に適応していくための支援内容は幅広く、日々様々な出来事が起こる中で、一部ではありますが、これまでにしてきたこと、そして今後も私たちにできることを述べたいと思います。

1 多様な文化的背景を持つ児童の適応指導

日本に来たばかりの対象児童やその保護者は、言葉を始め、自国の学校や自国での生活と異なる習慣に適応していくために、多かれ少なかれ戸惑いや不安を感じています。ですから対象児童が学校生活をしていく上でも、地域社会で生活していく上でも、日本人との摩擦や誤解をさけるために、私たちは様々なアドバイスをしていく必要を感じています。

日本で生活している私たちにとっては当たり前のことでも、それらが日常ではない外国から来た児童や保護者には違和感があるのではないでしょうか。不慣れな事象に対してどう判断し、どのように行動すればよいのか分からず、自国と同じように振る舞ったことが原因で、様々な問題が生じます。ですから、私たち日本語指導教員は、彼らが日本に来た当初からその後かなりの期間に渡って、児童生徒の学習面の指導だけでなく、生活面についても支援をしていく必要があります。児童同士のことについても、時には、保護者に協力してもらわなければならない事象もあるので、担任や保護者とは常に連携し、連絡し合う体制を取っています。

表1　日本とは異なる世界の学校の教育内容や体制の例

・生徒の所属クラスがない	・学校の掃除を生徒自らすることはない
・職員室がない	・トイレではお尻を必ず水で洗う
・給食がない	・授業中、歩き回る、寝転んで学習してもよい
・宗教上、肉類、アルコールを含む献立を食べない	・時間にそれほど厳格でなく時間厳守の規則はない
・公立小でも制服がある国が多い	・トラブル時の「謝罪の意識」が日本と違う
・義務教育の期間中、進級するための試験がある	・入学式や卒業式などの行事があまりない
・教科書がないか、個人の所有物ではなく共有	

自国の風習や習慣を互いに強要するものであってはならないし、それぞれの文化や習慣の違いを理解し、尊重し、配慮していくことは重要です。特に宗教的な事に関しては迎える側も外国の人々と共に生きていく上では、心しておかねばならないことが必ずあるでしょう。ただ、自国の文化に誇りを持つことと、現在住む国や地域のモラルやマナーなどをきちんと踏まえて生活していく態度とは別物です。

外国人保護者にとっては「言葉が通じない」という恐れや、異国での慣れない生活の中で、「知らない、わからない」という理由から、その地域のルールや必要な手続きを見過ごしたり、必要な連絡をしないまま帰国してしまったりすることもあります。このようなことをなくすためにも、また、気持ちよく関わっていくためにも必要なモラルやマナー、大切なルールをお互いに確認しておく場は必要ではないでしょうか。

外国の人と接する時に気付くそのような適応に関して、児童にもその保護者に対してもしっかりと伝えていくことも私たちの仕事ではないかと思います。

外国から来た児童や保護者に対して、「こんな時、どうしますか?」と何か起きた時の対処法について話し合ったり、その対処法を伝え合ったりする機会を持つことは、お互いにとって有益です。実際、外国から来た保護者は、そういう話し合いの場を持つことを望む方が大変多いようです。日本における文化や風習は、「知らないで過ごすより伝えてもらった方がずっと嬉しい」と言われます。「お互いに摩擦を少なくした方が気持ちよく生活できるから」だそうです。その国での生活様式を理解し、共生していこうとする前向きな気持ちの表れに違いありません。また、このような文化や言葉の違いからくる問題に対処するためには、彼らを迎える私たちも、外国から来た児童や保護者も「互いに歩み寄る姿勢」が必要なことは言うまでもありません。

2 入学説明会を利用して

私の勤める小学校では、保護者の意見や自分の経験を基に、数年前から英日訳の入学説明会用の冊子を作っています。入学説明会や転入してきた時に、日本語教室で外国人の保護者を対象に、その冊子について説明します。この機会を利用して、入学までに必要な物、使う教科書、学用品がそろう安価なお店、学校の一日など、「初めて日本の学校に来て不安に思われそうな内容」を伝えるのです。日本語や書き方がよくわからない保護者には、学校に早急に提出する必要のある書類については、書き方を説明し、その場で提出してもらうこともあります。また、学校生活をより楽しく送るためのマナーや、遅刻、欠席時の連絡の仕方、入学、転入時の提出文書、口座引き落としのフォームの書き方も画像と共に伝えます。このような入学説明会用の小冊子は、福岡市JSL日本語指導教育研究会[1]も作成しており、一般の方もホームページからダウンロードすることが可能です。本校では本校の日本語指導の実情に合った冊子を絵や写真を入れて作成し、自宅の壁などいつでも見れるところに掛けておけるよう数枚綴りに

---

1 福岡市JSL日本語指導研究会 http://www.fuku-c.ed.jp/schoolhp/zsonihon/index.html (2023年2月17日閲覧)

して外国人保護者に渡しています。

仕事の関係上、英語を使われる保護者がほとんどのため、英語で説明することで大半は通じますが、母語での支援が必要な場合、要請すれば福岡市の教育委員会を通して中国語など数カ国語に対して通訳の方に来てもらうこともできます。また最近では、実際の通訳者が対応してくれる「24時間対応の通訳者タブレット」が日本語教室には常に置いてあり、近隣の市立小学校に貸し出しもしています。有料ではありますが、全て福岡市の提供によるもので、十数カ国以上の言語に対応している上に翻訳機よりも正確なのでかなり有用性のあるものです。そのほか、現在では「やさしいにほんご」も外国の方たちにとってはありがたい配慮として、本校の職員にも推奨しています。

「悩みがある時にはすぐに学校に相談」を」

「学用品を買うことができる近くのお店」

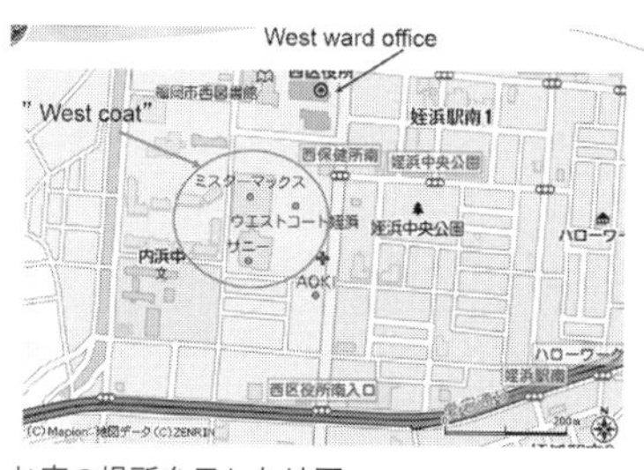

お店の場所を示した地図

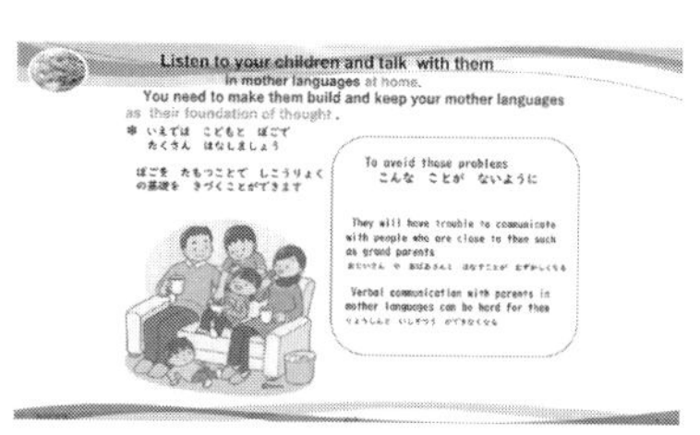

自宅では母語で。母語を大切にしましょう

お友だちとなかよくしましょう

学校のきまりやクラスのルールをまもりましょう

図1 「ようこそ私たちの小学校へ」(入学説明会資料)

外国人保護者のための保護者会や個人懇談会を通して

外国人保護者同士のつながりを持ってもらい、お互いに心配事や相談事を共有できるような場を提供することは重要でしょう。日本語指導というシステムが特別教育課程に導入され、日本語教室が本校に設置された当初は、保護者会を開き、外国人保護者に必要な情報を直接伝えたり、保護者間のネットワーク作りの場として利用してもらったりしていました。

児童同士が起こした問題によっては保護者が謝罪しなければならないような場合もあります。相手に怪我を負わせたり、物を壊したりした時などです。特に日本人の子どもと外国人の子どもの場合は、言葉の壁やとらえ方の違いなどから、どのように対処したらよいのか、保護者間で困惑することがあります。そのような場合を想定して、「こんな時は、このようにする方が、これから先、円滑な人間関係を築き、お互いに協力し合って過ごしていくことができますよ」という説明を加えます。このようなアドバイスは、事が起きたその日のうちに担任と相談し、保護者に電話などで連絡して早急に対応するようにしています。場合によっては保護者に来ていただいたり、自宅にお伺いしたりして対応することもあります。その他に、入学時や転入時、また個人懇談会などの機会に児童同士に問題が起きた場面を想定し、「具体的にこういうお詫びの仕方がありますよ」と実演して見せることもあります。

外国人保護者が抱える共通の悩みを共有し、困った時に相談できる仲間を作り、自分の子どものことを相談したり、学校のことについて気軽に相談したりできる場は、保護者にとっては心強いはずです。自分一人ではなかなか進められないネットワーク作りの場の一つとして利用していただき、時には茶話会や「持ちよりパーティー」を兼ねて保護者会をすることもありましたが、たいへん好評でした。

近年は、対象児童の増加も著しく、本校以外の通級生の保護者も対象にした保護者会を、適切な設備の下で開くことが難しくなってきました。幸いなことに、今はSNSなどの活用により保護者同士のネットワーク作りも以前より容易になってきて、保護者が抱える問題もSNSを通して解決できる場合も増えてきました。それでも、日本の学校生活の中で自分や自分の子どもが抱える個人的な悩みを持つ保護者がおられます。そのような悩み事や相談事などをゆっくり聞く場として、担任を交えての個人懇談会は大切な機会だと思います。個人懇談会は、日本語教室運営の一貫として、本校では保護者会を始めた当初から続けているものです。事前に児童や保護者が抱える問題をアンケートで聞き取り、ある程度の話す目的をもって話し合いを行います。以下は、過去に行った保護者会や個人懇談会で保護者の方からあげられた悩みの主なものです。

表2　外国人保護者の悩み（例）

・来日したばかりで、日本人の知り合いがおらず相談できる人がいない。
・子どもになかなか日本人の友だちができない。いじめはないか。
・親が日本での就学経験がない、学校のことで分からないことが多い。
・言葉が分からないことから情報や知識が得られず孤立する。
・子どもと先生との信頼関係はどうか。
・子どもは、きちんと学習できているか

職員研修：外国人保護者や児童を理解し受け入れ態勢を改善して行くために

日ごろ私たちが気づかない外国人保護者の悩みや声を聴く場として懇談会を持ったり、日本に来られて間もない保護者に、入学説明会や小冊子を通して日本の学校のシステムや必要な情報を伝えたりする配慮は、今後も続けていきたいと思います。そして、そこで聞く「外国人保護者の生の声」を私たち日本語指導教員のみならず、学校の他の職員とも共有することで、言葉や文化の違いによる誤解や摩擦を減らすことができるのではないでしょうか。このような取り組みは、日々の学校生活の中で職員が対象児童や保護者と積極的に向き合うための手助けになります。

このような趣旨から、私の学校では毎年、職員研修を行っています。対象児童や保護者のみならず、彼らを受け入れる職員側も、受け入れ時の対応の仕方や接し方など戸惑いを感じることがあります。それらを改善するために職員がどのようなことに配慮し、何を準備し、学習や生活面の指導に生かしていくか、研修会を通して話し合い、ワークショップなどを通じて学習しています。時には、外国人保護者にも参加していただき、バーチャル授業や体験を通じてお互いに学び合うこともあります。この活動をもう6年ほど続けていますが、対象児童や保護者の受け入れ方、対応の仕方や具体的な配慮事項などを知る機会にもなり、受け入れ態勢などの改善に役立てています。

このような体制作りには、公立小学校に日本語教室ができた当初から、地域や大学の関係者など、日本語支援に関わってこられた方々の様々な尽力があったはずです。そのようにして、学校職員自らが対象児童やその保護者に対して積極的に関わるためのお手伝いがなされてきたのだと思います。また外国人保護者の学校や自治体に対する信頼は、このような取り組みとともに、これからも大きくなっていくのではないかと思います。

今後は、現在作っている英日訳の小冊子も必要に応じて中国語などの他の言語も加えて、より広く保護者の役に立つものにしていく必要があると考えます。また外国人保護者のニーズに答えながら、学校や市としてできることを考えて行くことも重要だと思います。

外国の人と長く付き合っていく中で、人と人との関わりは、「国レベルの違い」だけではないと感じることが多々あります。お互いに信頼関係を築いていくことの重要性を強く感じます。何よりも大切な事は、常日頃より担任からの連絡を伝えたり、学校の児童の様子を伝えたりしてお互いに話しやすい関係を構築しておくことだと思います。

まとめ

◉それぞれの文化や習慣の違いに配慮しよう。

◉外国人保護者の理解や支援のために、小冊子や通訳機器などもフルに活用しよう。

◉保護者会などで外国人保護者の声を聴く場をできるかぎり作り、積極的に外国人保護者と関わろう。

外国人保護者と地域、学校との連携

大塚佳英（日本語指導員・地域ボランティア）

連携の必要性

「子どもが学校で上手くいっていない。親としてどうしていいかわからない、相談できる人がいない」。…学校へ日本語指導員として派遣された初日、私は担当児童の外国人保護者から涙ながらに訴えられました。子ども達が安心して学ぶために、まずは「保護者の精神的な安定」が不可欠ではないのか。私は当時「学校サポーター」という立場もあり、すぐに小中学校の先生方やPTA、民生委員、非営利団体の方々へこの状況を伝え、さまざまな意見を共有し考えました。

問題の原因は何か。「学校は伝えたつもりでも外国人保護者には伝わっていない、またその逆も然り。外国人保護者から学校への意思伝達方法がわからない、など学校と外国人保護者のミスコミュニケーションの積み重なりではないか。」「日本人と外国人の文化的・宗教的な考え方へのお互いの理解不足ではないか。」「地域で外国人保護者は孤立していないか。」「親子のコミュニケーションはどうか。」といったさまざまな問題が考えられました。

連携の「場」を創る

このような状況を防ぐために、できる事は何か。学校と外国人保護者を繋ぐ「場」が必要ではないか。このような思いから、小学校の先生方の協力を得ながら個人ボランティア同志3名で始めたのが、外国人児童生徒保護者のサポート活動「H.S.」です。その後、この活動に賛同していただいたサポーターの皆さんとともに「できる人が、できる時に、できる事を」をモットーに約10年間続いています。

主な活動は、月2回、地域の集会所で、学校と外国人保護者との重要なコミュニケーション手段である「学校プリント」を外国人保護者と一緒に読むこと。内容や読み方のコツなどを伝えたり疑問や質問に答えたりします。そして子どもたちへ直接宿題サポートをしながら、保護者へ家庭学習の内容や保護者の役割などを伝えることです。

図1　H.S.の活動の様子

活動は基本的に「やさしい日本語[1]」で行い、難しい場合には英語や翻訳機などを使います。プリントへの質問では、時間割（宿題や持ってくる物、登校日、下校時間など）、学校行事（行事の意味・目的・準備する物）、給食献立（宗教的に食べられない食材や調味料の確認）などが多く、日本人にとって当たり前であることが外国人にとっては当たり前ではないことを再認識させられます。子どもたちの家庭での様子などを聞き、基本的な生活習慣を身につけるため助言します。このように日本の学校が保護者に求めることを具体的に伝え、学校と外国人保護者のミスコミュニ

1　「やさしい日本語」については出入国管理局の出入国在留管理庁「在留支援のためのやさしい日本語ガイドライン」https://www.moj.go.jp/isa/support/portal/plainjapanese_guideline.html（2023年2月17日閲覧）をご参照ください。

ケーションを一つずつ解消していきます。

また、公民館だよりやハザードマップなど、地域からのプリントや自宅に届く郵便物などの質問もあります。自然災害の多い昨今、避難に関する重要な内容であったり、水道・電気・ガスなどのライフラインについてのお知らせなど、命を守る大切な内容です。日本人でも分かりにくいことがあるので、自分たちも一つ一つ確認しながら伝え、自治体や企業と外国人生活者のミスコミュニケーションを防ぎます。

活動の合間にはティータイムを設けています。そこでは、それぞれの生活、国や文化についても話します。食卓での日本のマナー「いただきます」など子どもたちも一緒に実践しながらあいさつや礼儀などを伝えます。

地域の散策にも出かけます。子育て世代に人気のお店や子どもの習い事や遊び場、地域の観光地など地域を詳しく知ることで、より快適な生活の知恵を手に入れたり、日本文化に触れたりすることができます。

長期休暇には子どもたちの学習会やお楽しみ会、一品持ち寄りの食事会なども行います。このような会を定期的に開催することで外国人保護者や児童の安否確認にも繋がります。時には学校の先生方が参加されることもあります（図 2）。

図 2　長期休暇に行われた一品持ち寄りの食事会

このように外国人保護者、学校、地域を繋げるお手伝いをするのが

「H.S.」の役割です。私たちは必要な情報を気軽に共有しながら繋がることができるアットホームな「居場所」作りを目指しています。

3 連携のさまざまな形

しかし実際には、サポートのニーズは月二回の活動以外の日常生活の中で起きます。日常での質問や特別な相談、緊急的にサポートが必要な場合などにもサポーター個人やサポーター同士の協力連携の元に「できる範囲で」対応しています。また該当地域の自治会には外国人のためのサポート機関があり常時連携しています。

たとえば、その地域住民（相談者）の方から、「地域での子ども同士のトラブルがある」（相談内容）と相談を受けた場合、私たちH.S.は学校（連携先）へその旨を伝えて情報共有し、必要であれば帯同し学校と外国人保護者とを仲介します（サポート内容は以下表1を参照）。

表1　これまでに相談のあった主な事例

相談者	相談内容	連携先	サポート内容
地域住民・サポーター	地域での子ども関連トラブル	小中学校	学校と外国人保護者との仲介
地域住民・サポーター	未就園児の報告	幼稚園・小学校	入園前、入園後の親子へのサポート
外国人保護者	小中学校への転入進学相談	区役所・小中学校・自治会	手続きサポートなど
外国人保護者	鞄・制服・教材の提供依頼	地域サポーター・自治会	メールなどで声掛け不用品収集、提供
外国人保護者	子どもの発達の相談	療育・発達センター・スクールソーシャルワーカー	紹介・手続きサポート
外国人保護者	子どもの学習	NPO学習支援事業者	紹介・手続きサポート
外国人保護者	保護者の日本語習得	地域日本語教室	紹介・手続きサポート
外国人保護者	家庭内諸問題	区役所・スクールソーシャルワーカー	紹介・連絡・状況報告
外国人保護者	連絡代行依頼	幼稚園・学校・病院	欠席や予約連絡代行

このように外国人が抱える問題についてさまざまな相談があり、学校だけでなく地域のあらゆる団体とも連携し外国人保護者と繋ぎます。

4 これまでの成果とボランティアとしての限界

以上のような学校と地域の連携の現場において、外国人保護者の「学校文化の理解」や「孤立の防止」「ミスコミュニケーションの軽減」についてはある程度の成果はあるように思います。

そして実はこの連携としては見えてこない、地域の方々の日々のあいさつや会話、人知れず行われている個々人のボランティアの方々の物心両面でのサポートが、外国人保護者、生活者の大きな助けになっていることも忘れてはいけません。

しかし、ボランティアができることには限界があります。問題によっては、ボランティアには大変な負担が生まれます。最近は在日期間が長期化し家庭内での言語問題に起因する親子関係の悪化や経済的な問題なども起こっています。これらはほかの様々な問題と複合的に絡み合い、解決するのに膨大な時間とエネルギーが必要となります。外国人の子どもたちの将来だけでなく、日本の将来に影響する大きな問題です。このような現状に対応するにはもっと組織的な連携が必要になるでしょう。

まとめ

外国人保護者とスムーズなコミュニケーションをとるために地域ボランティアができることとして、以下のことが挙げられます。

◉日本の学校や地域が保護者や地域住民に求めていることを外国人保護者に伝える。

◉外国人保護者が困っていることを学校や地域に伝える。

◉外国人保護者と地域、学校を繋ぐ「場」を提供する。

小学校における外国人児童支援の現状と今後への提案

池田芳江（元福岡市日本語指導担当教員）

この章では、小学校教師で外国人児童生徒への日本語指導を担当した経験のある者として、外国人保護者、児童生徒と、彼らを支援する学校側とのコミュニケーションのあり方について述べたいと思います。外国人児童生徒と保護者が来日まもない時期の支援を主にとりあげます。

この章ではお互いの理解を深めるためのイメージ作り及び具体的な方法作りの一助となることを願って、具体的な事例を7例紹介し、それらの経験を踏まえて、今後への提案を5つあげます。

1 支援の事例

1. フェイス・トゥー・フェイス（対面）で向き合う

外国人児童の保護者と、お互いの理解を深めるために「フェイス・トゥー・フェイス（対面）」で向き合う場を積極的に設けることが大切です。

小学校の入学式のときのことです。入学式当日に児童の保護者に配布されるプリント資料は、家庭環境調査票、保健調査票、給食費や教材費・PTA会費等の納付書など合わせると20～30枚にもなります。入学式の場でプリントを理解するのは、外国人保護者にとっては負担です。

そこで学校側は、入学式の前に外国人保護者に学校に来てもらい、プリントの内容を一つひとつ丁寧に説明して、その場で必要なことをプリントに記載してもらいました。このような支援によって、外国人保護者の負担を減らすことができます。ここから言えることは、学校側が、少しでも多く「フェイス・トゥー・フェイス（対面）」で外国人保護者と向き合う場をつくって、保護者たちの理解を手助けする時間を作る努力をすることが大事です。

2. 通訳や多言語対応 TV 電話通訳を利用する

学校側が入学式の際に中国人の保護者とコミュニケーションをとるために、プロの通訳者を採用した事例もあります。

平成 28 年に福岡市内の A 小学校では、入学式のときに中国人保護者とコミュニケーションのために中国人の大学院生に通訳をお願いしました。もちろん通訳には、謝金が支払われます。ただ、当時は通訳を要請するときは教育委員会に事前に申請する必要があり、すぐに通訳が必要な場合には対応できませんでした。

しかし令和 2 年から、福岡市では、日本語指導拠点校に多言語対応 TV 電話通訳タブレット（みえる通訳）が配備されました。これは、専用タブレットから、通訳オペレーターにつながる映像通訳サービスです。日本語と外国語が話せる専門のスタッフと直接顔を見ながら会話ができます。英語・中国語・韓国語だけでなく、ネパール語・ポルトガル語など 13 カ国語対応です。学校現場では、すぐに対応を求められることも多くあり、多言語対応 TV 電話通訳タブレット（みえる通訳[1]）は、先生がたの評判も上々のようです。

3. 写真を活用する

外国人保護者にプリントの内容をわかってもらうために写真を活用すると、言葉によるコミュニケーションを補うことができます。

小学校 1 年生ではのりを使う活動が多くありますが、「壺のり」を使用する小学校もあります。プリントを通じて家庭で準備するようにお願いしていますが、その際、外国人保護者が「壺のり」がどんなもの

図 1 壺のり

1 多言語対応 TV 電話通訳タブレット（みえる通訳）https://www.mieru-tsuyaku.jp （2023年2月17日閲覧）

かを知らないために、準備ができないことがあります。そこで学校側は、写真をプリントに掲載し、外国人保護者に理解してもらう取り組みをしました。さらに売っているお店の名前、値段の情報も書きました。これも、外国人保護者への学校側の支援と考えられます。

4. 自分に可能な表現を使う

コミュニケーションの手段は、通訳のようなプロでなくても、本人の熱意と受け取る人の熱意があれば心の交流ができる場合があります。ある学校での出来事です。

外国人児童の女の子が失禁して下着を汚したので、保健室にあるショーツをはかせました。そのショーツを返却する際、母親はかわいいイラスト入りで、「先生、domo arigatou. Thank you」というイラスト入りの手紙を、ショーツを入れた紙袋に添えていました。漢字・イラスト・ローマ字・英語で、養護教諭にも筆者にも母親の感謝の気持ちは十分に伝わりとても感動しました。

心からの思いは世界共通に伝わります。この文を見た後は、私も外国の人に気持ちを伝えるとき、一言でも相手の母語をいれるようにしています。何か一生懸命伝えたいとき、漢字・手書きの絵・発音のローマ字・英語を駆使するなど、相手に配慮を持ち工夫をすることでコミュニケーションが円滑になるでしょう。

5. 日本語の日常会話ができても、読み書きが難しい外国人児童がいる

「日本語を流暢に話す外国人児童には、日本語指導は必要ない。」というのは正解でしょうか？　ここでは、おしゃべりがとても上手だったために、読み書きの日本語指導の必要性が見逃されてしまったという、事例を紹介します。

この外国人児童は、保護者が日本語の読み書きができないので、プリントを読んで学習道具をそろえることができません。また保護者は児童が家庭で教科書を読むのを聞くこともありません。児童はノートに書いたりする経験が非常に少なかったようでした。教科の学習の積み重ねができてお

らず、そのことが学校生活場面での忘れ物の多さや真剣味に欠けた授業態度につながっていました。そこで保護者に、日本語教室に通い、子どもに自信をつけさせるようにしようと話し合いました。その後、その児童は日本語教室に通い、日本語の読み書きができるようになりました。そのことで、わかりたかったことがわかるようになると、学びの喜びを感じて、学習道具を準備するし、遅刻せずに学校にも行くようになりました。

この子どもは「『わ』と『え』 は、どんなときに『は』、『へ』と書くのかが分からないから分かるようになりたい。小学校 1 年生の漢字の読み書きから始めたい」と主張したため、本人の希望を取り入れながら学習を進めました。保護者は子どもの頑張っている姿を見て、子どもを褒めたり励ましたりしました。保護者自身も一緒に日本語を勉強する気持ちで参加していたようです。日本語の読み書きができず苦労した保護者が、子どもに同じ思いをさせたくないと心の内を、語ってくれました。

6. 日本語でのコミュニケーション能力が育たない

日本語でのコミュニケーションが 1 年間全くとれなかったという事例を紹介します。学校側がサポート体制をとっても、順調にサポートが進むわけではないという厳しい現実があります。

父親も母親も本人も全く日本語ができないまま中国から来日し、その子どもは B 小学校の 4 年生に転入しました。その保護者は、「日本語も子どもの進路も日本に行ったらなんとかなるさ」と考えていたふしがありました。

子どもは転校してきた当初日本語の勉強をする気がなく、クラスの友達ともうまくいきませんでした。そのまま 5 年生になり、3 学期に教科書を学校に持ってこないので担任がその理由を聞いたら、冬休みに教科書を処分したとの返事でした。日本語担当教員や日本語指導員がいろいろと指導しましたが、成果がなかなかでませんでした。そこで、話す場を増やすために、保護者にも協力してもらい、母国での様子や家族のことなどを話させるなど、話題をたくさん準備するようにしました。すると、時間はかかりましたが少しずつ成長した姿を見せてくれました。

7. 保健室で使う多言語応答カード

学校での怪我や病気は、通称保健室の先生と呼ばれる養護教諭が対応します。外国人保護者及び児童と緊急性が高い事項についてコミュニケーションをとるための翻訳文書を作った福岡市西区の養護教諭部会の事例を紹介します。

福岡市西区の養護教諭部会は、西区の 24 の小学校に配置されている養護教諭 1 名（学校規模によっては 2 名）が集まって、研修や情報交換をする場です。2016 年 7 月に、養護教諭の研修会があり、筆者は、その研修会にオブザーバーの立場で呼ばれました。

そこで、養護教諭も外国人保護者との緊密なコミュニケーションをとるために、言語の問題を克服する必要があるという問題提起がなされました。そして、その問題を少しでも解消すべく、外国人の保護者及び児童と意思疎通を図るため、多言語版の応答事例のカードを作成するという結論に至りました。できあがった多言語のカードは、福岡市教育センターの JSL 日本語指導教育研究会（JSL 福岡）のウェブサイト[2]に掲載されています。そこには、例えば体調が悪いとき、子どもに対応を説明するための表現集として、「熱をはかります」が熱をはかっている写真の横に、英語・中国語・韓国語・フランス語・インドネシア語・フィリピン語・ベトナム語・アラビア語で書かれています。

2 今後にむけての提案

1. 学校からの通知の要点の多言語化

前述の事例 7 で述べたように、学校から配信されるメールはできるだけ多言語対応、要点だけでも、それぞれの母語でのメール配信ができるようにすることが望ましいでしょう。外国人保護者の母語支援者の登録や、

2　JSL 福岡市日本語指導教育研究会 http://www.fuku-c.ed.jp/schoolhp/zsonihon（2023年2月17日閲覧）

VICT（国立研究開発法人情報通信研究機構）が開発した、Voice　Trano 利用も視野に入れることを提案します。

2. YouTubeの活用

福岡市内のA中学校は修学旅行の説明会をYouTubeで実施しました。映像による配信は外国人保護者だけでなく、日本人保護者にとっても内容を理解する手助けになります。学年・学級から家庭への連絡方法として、YouTubeの利用も視野に入れることを提案します。

3. 学校間の情報交換の場の設定

教育委員会の主催で、外国人保護者と児童生徒に対するコミュニケーションの改善をテーマとして、小学校数十校を単位とした情報交換の場を設定することを提案します。

4. 外国人保護者支援の人材バンク作り

外国人の保護者を支援したい人たちを積極的に活用する人材バンク作りを提案します。筆者の周りでも、日本語指導員の資格をとり、ボランティアで日本語を教えている人もいます。また、外国人との交流の場があることを知り、参加しようと準備している人がいます。こういう人たちの存在を組織化していくことが重要だと思います。

まとめ

◉外国人保護者と対面で向き合う機会を設けよう。
◉通訳、多言語対応TV電話通訳タブレット、VoiceTraアプリの使用、多言語対応カードなどで外国語アレルギーのハードルを低くしよう。
◉学校間の情報交換の場作り、研修会の設定（外国人児童生徒の担任の実践発表など）、人材バンクの活用を進めよう。

学校プリントの伝統的価値とこれからの役割

竹熊尚夫（九州大学）　竹熊真波（筑紫女学園大学）

本章では、はじめに学校プリントの伝統的な価値や役割、目的や機能について整理します。つぎに、これからの時代に教員が学校プリントに対してどのような役割を果たすべきかを考えます。最後に、海外の例などを紹介しながら学校プリントの日本的な意味を掘り下げていきたいと思います。

1 日本の学校プリントの伝統的価値

学校プリントには、学校通信、学年・学級通信のほかにも試験答案用紙に始まる様々な書類・文書があります。その中でも「学級通信」は、教師から直接子どもに渡され、教師が工夫を凝らし、学校や学級の姿を伝えようとすることから、最終的に保護者に届く配布物としてもっとも教育的な価値が高いといえます。そこでまず「学級通信」を中心に歴史的側面からその伝統的価値を考えてみたいと思います。

日本では、明治維新以後に近代的学校教育が始まりましたが、その当時教師から生徒や親に情報を伝える方法は、教師から子どもへの口頭や口述、もしくは掲示板と言う形でしかありませんでした。

これが、謄写版、いわゆる「ガリ版」の登場によって一気に様変わりすることになります（図 1）。こうした印刷革命にはじまる情報技術革命が学校のあり方を変え、学校と親との関係も変えてきたといえます。

「ガリ版」とは、蝋（ろう）の付いた薄い原紙に鉄筆でまさに「ガリガリ」と削るように字や絵を書き込み（蝋の部分を削りとる）、インクの付いたローラーで削った部分を紙に一枚一枚謄写して作成する物です。明治から大正、昭和に入っても 1960 年代頃までの間、正規の出版方法や出版物以外でも使える個人的な伝達方法として、ガリ版刷りは、コピー機や印刷機が普及するまでは、学校・保護者間の唯一、そして重要な通信手段でした。

図１　謄写版（ガリ版）用具一式

これは大変手間のかかる作業が必要でしたが、当然ながらすべて手書きでしたし、児童・生徒も作成に携わるなど、個性あふれる学級通信がたくさん作られてきた時代でもありました。

そこで、学級通信の伝統的な意味を考えるために『教育』という雑誌を見てみたいと思います。これは教育科学研究会編集で、国土社が発行している教育研究論集です。この雑誌の中の 1992（平成 4）年 12 月に出された第 42 巻 13 号の＜特集＞で、「共感を育てる学級通信」とのテーマが掲げられていて、様々な学校関係者、研究者がそれぞれの視点から学級通信に関する論文をまとめています。まずは、目次を以下に紹介します。

「教育的メッセージとしての学級通信」碓井岑夫　pp.6-14

「学級通信の歴史―その素描」太郎良信　pp.15-24

小学校　学級通信実践

「集団を高めていく要」橋本誠一　pp.25-34

「学校は豊かな森―いろんな子がいて楽しい―」笠原紀久恵　pp.35-44

中学校　学級通信実践

「現代史を見つめ、豊に生きあうコミュニティー―教科通信・進路だよ

り・学級通信の力―」尾木直樹　pp.45-51

「『学年だより』『学校だより』綴り続けて2400日」木元康博　pp.52-61

高校　学級通信実践

「『いのちを励ます教育』のひとこま―泉を掘り当てる仕事しての学級通信活動―」桑田靖之　pp.62-72

「教える者がもっともよく教えられる―通信活動から学んだこと―」橋本秀幸　pp.73-81

このように、目次を見ただけでも、これまでの学級通信の歴史的な経緯を追った論考や、学級通信の当時の現代的な意味を学校段階別に探り、伝えようとしている物があり、様々な学級通信への理想や想いをうかがい知ることができます。次に、これらの論考を基に伝統的学校文書、学級通信とはどの様な物だったのか、その目的・役割・機能を四つの側面から整理し、その伝統的価値観とは何かを考えてみましょう。

第一の側面には、学級通信を含む学校プリントの第一の目的・役割として「学校からの情報の通知・提供」が挙げられます。学校と保護者をつなぐ媒介としての学校プリントは、通知、案内、照会などがあり、要返信の書類も含まれます。通知は、主に学校長が発信する学校行事などについての連絡（学校通信）や、現在のような新型コロナウイルス感染症に代表される病気や事故などを回避するための安心・安全の通知（保健だよりなど）があり、子どもたちや保護者に向けて発信されます。また、学校全体としての連絡以外にも、学年通信のような学年全体の取り組みや行事の通知もあります。

このため、学級通信も学校の通知や学年全体の通知に沿った形で作成されることになります。具体的には、学校全体、学年全体の通知の中でも特に重要で、学級にも関連ある事柄について学級通信においても再度、詳細に通知・情報提供がなされることになるでしょう。例えば、秋の大運動会や修学旅行などの学校全体・学年全体の行事について、学校通信や学年通信において通知されます。具体的に運動会では「当該クラスは紅組で何番目のプログラムに登場する」とか、修学旅行は「何時集合で、持ち物は何、何号車に乗る」などのより詳細な情報を学級通信で通知するといったことなどです。

第二の側面には、「各学級特有の情報提供」があります。その内容としては、一ヶ月や一週間など一定期間の学級の取り組み、行事、細かな授業計画、案内などが挙げられます。この情報提供者は学級担任であることから、特に年度はじめに、その学級が独自に取り組もうとする学級経営の目標や想い（教育理念）などがメッセージとして伝えられます。そして、その後も年間を通して学級担任の提示したクラス目標に向かって努力する子どもたちの姿が映し出されることになります。このような、想いが込められた「学級通信」は、「伝える」と言う意味において、学校プリントとしての目的にもっとも添う物で、これをもって学級「通信」と捉えることができるのではないかと思います。担当する学級をまとめ、魅力ある、成長する学級集団づくりを行うためには、担任自らの教育理念や学級経営の方針を子どもたちのみならず保護者にも伝え、理解してもらい、自分たちの「学級文化を創り出す」と言う意識を共有し、保護者とともに子どもたちの主体的で協働的な活動を作り上げていくことが重要です。その手段の1つとして「学級通信」は需要な役割を担うといえます。

第三の側面としては、「つなぐ／つなげる」という役割が挙げられます。実は、これは日本的な役割だと考えます。「つなぐ／つなげる」というのは、「学級・担任と保護者をつなぐ」役割であり、「学級をまとめるための手段・方法」という役割です。先の論考によれば、学級通信は、「学級文化」（碓井岑夫）を作っていくためのネットワークの媒介（メディア）となっており、生徒や保護者を学校や学級に結びつけ、ひいては民主主義や地域社会にまで広げる（太郎良信）という役割を担ってきたのです。例えば、学校は地域（校区）の行事に関わることが多いですが、学級通信などを通じて保護者に行事への参加を呼びかけたり、保護者間をつなぐ土台をつくったりすることができるのです。言い換えれば、こうした学級通信を通しての呼びかけが、保護者の社会的ネットワークの形成（成長）の糧となっているのです。

もちろん、ネットワークの形成自体は、学級通信以外の手段をとることも可能です。けれども、学級通信として発信することによって、保護者にとって地域の行事がより身近な物として受け止められることになり、学校と保護者と地域とがより強固につながるきっかけを提供することができます。また教師にとっても、自身がそうしたつながりのハブ（中心）になることによって、保護者との信頼関係を更に深め、ひいては子どもたちの教育への好循環を生み出すことになるでしょう。

そして、第四の側面として、学級通信をはじめとする学校プリントには、ただ単に「伝える」だけではなく、「育つ／育てる」という機能を有してきた点が挙げられます。先の論考の中でも述べられていますが、学級通信は、創造的で民主的な学級集団という価値観を育む重要な手段（ツール）の1つとなっていました。それでは、学級通信は、学級集団の何を育てたのでしょうか。

初めに述べなくてはいけないのは、子どもたちの「心」を育てていたということです。学級通信は、一人ひとりの生徒の成長を励ます手段（日誌）として使われたり、あるいは学級内でのできごとを通して一人ひとりの成長を生徒・保護者に紹介したりすることによって、保護者と子どもの関わりの一助となり、教師・生徒・保護者の信頼関係を深め、ひいては子どもの心の成長を育むことに関わっています。

つぎに、子どもたちの「知的側面」への育ちにも関与しています。例えば教科教育においても、授業で扱えない様々な学びを、学級通信を通して紹介し、それを子どもたち自身や保護者が知ることで子どもたちの知的な成長を側面から育むことにも使われてきたのです。これは、子どもたちの人格面と学力面双方での育ちを支えるとともに、保護者にとっても、親が子どもを育てる「喜び」をも再認識し、親自身の在り方を見つめ直す契機となってきました。

そして、更なる育ちとして先の論考ではこうした学級通信の活動は、「教師の育ち」をも促進する機能があると論じています（橋本秀幸）。教師は、「通信」を執筆することを通じて、日常生活の中で埋没しがちな学級や子どもたちの実態を再確認することができます。そして、教師自身の学級経営、ひいては教育についての考え方や態度が再構成され、教育者として成長することができるのです。

 学校プリントと教師の役割

第一節では、学校プリントには、単に「伝える」だけではなく、「つなぐ／つながる」あるいは「育つ／育てる」といった側面があることに触れました。それでは、教師を育てる現場では、学校プリントについてどのような指導が行われているのでしょうか。そこで第二節では日本の学校プリントと教師の役割について考えてみたいと思います。

(1) 学校プリントの現在

日本の大学における教員の養成課程において、学校プリントの意義や作成方法のみを取り扱った講義科目は設定されていません。けれども、2017（平成29）年3月に全面改訂された小・中学校の『学習指導要領』（高校は2018年）では、「家庭や地域社会との連携及び協働」が重視されており、そのためにも学校からの様々な情報の提供は、連携・協働の第一歩として大変重要な手段であることは確かです。すなわち、前節で言う「つなぐ／つながる」役割としての学校プリントです。

ところが、紙媒体の学校プリントは、子どもが保護者に確実に渡さない限り何の意味も持ちません。また、社会全体の多様化に伴い、学校プリントを手渡すことができたとしても、親が忙しく読む時間も取れないなどにより、結果的に必要な情報がきちんと伝わらないというケースも見られます。Adobe社による学校プリントの実態調査（2019年9月実施）によれば、小学校に通う子どもの保護者250名の内、学校からのプリントを週1～2枚受け取っている人が26 %、週3～5枚が30 %、週6枚以上が24.4 %であり、プリントの量が「とても多いと感じる」が20.9 %、「やや多いと感じる」が35.9 %と半数以上の保護者が負担に感じていることが分かりました。さらに、7割以上（76.4 %）の保護者が「小学校から受け取った重要なプリントを誤って捨ててしまったり紛失してしまったりした経験がある」と答えています。

最近は、各学校のホームページの開設も進み、学校便りなど学校全体の情報もアップロードされ、教育方針や行事予定など、保護者のみならず誰でも確認できるようになっています。一例として福岡市の小学校のホームページの開設率をみると、2003年の時点では64％程度でしたが、2022現在は100％となっています。また、“Classi”や「がくぷり」など、教師・生徒・保護者をつなぐコミュニケーション・アプリも登場し、保護者はスマートフォンやタブレットで気軽に学校や学級の情報を得ることができるようになってきました。こうした学校現場の情報化は、新型コロナウイルスの影響によりGIGAスクール構想（一人一台の端末）の早期実現へと舵が切られ、学校からの情報もより迅速に、そして確実に保護者に届けられることになりました。

しかし、これらの情報も結局は保護者がアクセスしなければ紙媒体の学校プリント同様、意味がないといえます。また、個人情報保護の観点から連絡網も作成されなくなり、保護者間の横のつながりも希薄になっています。PTA活動の存在意義も問われる中で、過半数の保護者が学校からの情報の多さを負担に感じていることについて、保護者同士で相談し合ったり意見交換をしたりするような機会も減少しているのではないでしょうか。

現在、学校現場では情報化とともに、「ダイバーシティへの対応」が必須の課題となっています。クラスの中には、LGBTQなどのジェンダーの問題を抱える子ども、発達障害などの障害のある子ども、不登校や相対的貧困の状況にある子ども、外国にルーツを持つ子どもなど多様な子どもたちが存在します。従って、学級通信においても多様な子どもたちやその保護者にクラスの状況を伝え、理解を求める必要性がますます求められるでしょう。

そうした中で、大量に送られる学級通信にもっとも困難を抱えているのは外国人保護者ではないでしょうか。以下では、特に「外国人保護者」に焦点を当て、教員養成においてどのような視点を指導するべきかを考えてみたいと思います。

（2）外国人子女などへの教育と保護者対応

文部科学省によると、2021（令和5）年5月1日現在日本の公立の学校（小学校、中学校、義務教育学校、高等学校、中等教育学校、特別支援学校）で学ぶ外国籍の児童生徒は114,853人です。その内日本語指導が必要とされている人は47,619人となっています。さらに、日本国籍を持っていても日本語指導が必要な児童生徒は10,688人にのぼっています（※2022年10月18日現在の確定値）。この人数の後ろには多くの外国人保護者がいるのです。

また、外国籍の児童生徒やその保護者の日本語に問題がなくとも、日本の文化、学校文化を十分理解しているとも限りません。逆に、日本の側が、彼ら・彼女らの宗教や生活習慣といった異文化についてどれだけ理解し、配慮できるでしょうか。今後、さらに多くの外国人あるいは外国にルーツを持つ児童生徒を受け入れることになるでしょう。ですから、これからの教師は、そうした異なる文化的背景を持つ児童生徒やその保護者との連携・協働を見据え、学校からの情報を確実に伝えるためのノウハウを身に付けておくことが不可欠となります。

従って、教員養成においても、外国人子女への教育、とりわけ日本語能力が十分でない子どもたちへの教育に対して支援を行うための知識・技能を育成することが求められています。まず、2016年5月20日に出された教育再生実行会議第9次提言「全ての子供たちの能力を伸ばし可能性を開花させる教育へ」においては、多様な個性が生かされる教育の実現に向けた取り組みの一つとして、「日本語能力が十分でない子供たちへの教育」が必要とされました。そして、この提言を受ける形で、2017年3月に小・中学校の『学習指導要領』（高校は2018年）が全面改定された際に、総則の第4として「生徒の発達の支援」が新設され、「2　特別な配慮を必要とする生徒への指導」の（2）に「海外から帰国した児童（生徒）などの学校生活への適応や、日本語の習得に困難のある児童に対する日本語指導」が示されることとなりました。

同様に、2017年には教育職員免許法・同施行規則の改正（再課程認定）が行われ、その際に「特別の支援を必要とする幼児、児童及び生徒に対する理解」に関する科目が加えられることとなりました。そして、その内容として、特別の支援を必要とする幼児、児童及び生徒の理解、教育課程及び支援の方法に加えて「(3) 障害はないが特別の教育的ニーズのある幼児、児童及び生徒の把握や支援」として「母国語や貧困の問題などにより特別の教育的ニーズのある幼児、児童及び生徒の学習上または生活上の困難や組織的な対応の必要性の理解」(下線筆者) を到達目標とすることとなったのです。

一方、外国人子女の保護者に対して、文部科学省は2005年に、英語、韓国・朝鮮語、ヴェトナム語、フィリピノ語、中国語、ポルトガル語、スペイン語の各言語別の就学案内である『就学ガイドブック』を作成しています (2022年にはウクライナ語も追加)。ここでは、外国人児童生徒の保護者に向けて日本の学校への入学手続きの流れやPTA活動などの日本の学校文化について解説しています (図2)。

そのほか、海外子女教育、帰国・外国人児童生徒教育などに関するウェブサイト、「CLARINET」や帰国・外国人児童生徒教育のための情報検索サイト「かすたねっと (CASTA-NET)」を開設し、国際教育に関する情報へのアクセス環境の整備に努めました。さらに、2021年、2022年と来日直後や初めて日本の学校に就学する外国人児童生徒・保護者に対し、日本の小学校の学校生活について、わかりやすく紹介する動画を制作しました。その動画は前述の7言語に加えて、インドネシア語、タイ語、ミャンマー語、カンボジア語、ネパール語、モンゴル語、ウクライナ語が使われています。ただし、外国人の保護者がその存在を知らなければ活用もできません。そのため、教師にとってこうした情報を把握し、外国人児童生徒や保護者にアクセスを促すことも重要な役割となるでしょう。

そして、教育関係者向けに文部科学省は、2010年に『外国人児童生徒受入れの手引き』を作成しました (2019年3月改訂)。それは、外国人児童生徒の公立学校への円滑な受入れに資することを目的として作成されたものですが、その中で保護者との連絡についても言及されています。具体的には、「保護者に連絡する際には、お知らせや手紙にルビ振りをすること」や「重要なお知らせには赤ペンで丸をつける、母語で「重要」と書く、メールやSNSで送信する、先の“かすたねっと”を活用する」など、より良い連絡方法の工夫を提案しています。また、「児童生徒自身は、毎日の生活を通して、日本の学校について徐々に理解し、活動にも参加できるが、保護者は自分が経験した出身国・地域の学校教育のイメージしか持たないため、日本の学校生活について理解できない場合が多い」ことから「丁寧に説明して理解を求めていくことが重要」とも指摘しています。

To children's guardians
お子さんを持つ保護者の皆様へ
Guide for foreign students to start school
Procedures for Entering Japanese Schools
外国人のための就学ガイド
～日本の学校への入学手続きについて～

【Japanese Elementary and Secondary Education】
Japanese public elementary and secondary schools accept foreign children free of charge if they wish to enter them, and the opportunity of receiving the same education as Japanese students is garanteed to foreign children.

【日本の小学校・中学校について】
外国人の子供も、公立の小学校・中学校への入学を希望する場合は、日本人児童生徒と同様に無償で受け入れており、日本人と同一の教育を受ける機会を保障しています。

● The term of elementary and secondary shoel
●小学校・中学校の就学期間について

● Tuition and Textbooks
●授業料、教科書について

● Financial Assistance
●就学援助について

● School Subjects
●学校で学ぶ教科

図2　就学ガイドブック英語版

(3) 教職生への「学級通信」作成指導

ある大学の中等教職課程では、外国人子女への教育に関して、「特別支援教育論」と言うオムニバスの授業を2年前期に開講しています。そこでは、15回の授業の内12回を発達障害に関する講義、3回を「特別の教育的ニーズのある生徒への教育支援」に関する講義とし、「①日本語が十分でない子ども達への教育」、「②家庭の経済環境に左右されない教育機会の保障」、「③不登校や学齢を超過した子どもへの対応」をトピックとして、外国人児童生徒への日本語指導、特別の教育課程、教育機会確保法、夜間中学などについて解説しています。

一方、学校プリントに関しては、1年前期開設の「教職入門」などにおいて学級担任としての職務の一つとしてその重要性を伝えています。そして、4年後期に開講される「教職実践演習（中・高）」において、教職生一人ひとりが大学の教職課程を通じて作成してきた「履修カルテ」を活用しながら「学級経営」について振り返る中で、実際に「学級通信」の作成に取り組む授業実践を行っています。教職生たちは、教育実習の経験をもとに、実際に目にした実習校での学級通信などを参考にしながら、自分がクラス担任になった場合を想定し、手書きで、あるいは既存のテンプレートを活用しつつそれぞれに工夫を凝らした学校プリントを作成し発表していました。

しかし、こうした一連の教育は、専ら日本人の生徒や保護者を対象としており、学習指導要領において「家庭や地域社会との連携及び協働」とうたわれてはいても、外国人児童生徒の保護者との連携及び協働にまで配慮を促すような授業展開は想定していませんでした。したがって、「学級通信」にしても、日本語があまりわからない外国人の保護者が読むことまで配慮してはいませんでした。そうした点を踏まえて、2020年後期の授業実践では、特に「生徒だけではなく保護者も読むこと、その保護者の中には外国の方もいる可能性があること」を事前に伝えることを試みました。

すると、ある教職生は、すべての漢字にルビを振るだけでなく、「持参する物」ではなく「持ってくるもの」といった平易な日本語を使用する工夫をした「学級通信」を作成しました（図3）。また、別の学生は、クラスにイギリス出身の生徒がいることを想定した上で、イギリスを紹介するコーナーを設けた学級通信を作成しました（図4）。

図3　教職生が作成した学級通信（1）

図4　教職生が作成した学級通信（2）（一部抜粋）

特に受入れの手引きで提示されたような具体的な指示をした訳ではありませんでしたが、学級の状況に合わせてこうした工夫がなされた学級通信が提出されたことを嬉しく思うとともに、今後も生徒一人ひとりの特性に合わせ、また家庭や地域の実情にまで細かい配慮ができる教員を育てる必要性を強く感じました。

学校プリントがインターネット配信をされるようになれば、翻訳ソフトや翻訳アプリなどの翻訳機能を利用することによって日本語が不得手な外国人の保護者にとってもある程度の言葉の壁は克服できるでしょう。しかし、だからこそ、日本と外国の文化・習慣や考え方の違いをお互いに理解し合うことがより重要となってくると思います。最近「ブラック校則」といって下着の色まで指定したり、地毛が茶色の生徒を黒く染めさせたりするなどの理不尽な校則が問題視されていますが、金髪の生徒やピアスをすることが当たり前の国から来た生徒が入学した場合、どのような対応をとるのか、学校全体で保護者も交えた共通理解をどう図るのかが問われると思います。外国人を受け入れることをきっかけに、学校プリントの内容自体も吟味・精査できれば、外国人保護者を悩ませる媒体ではなく、学校と日本人も含めた保護者とを強力につなぐツールとなりうると考えます。そのツールを作成し、ネットワークのハブ（中心）となることがこれからの教師に求められる役割といえるでしょう。

 3 学校プリントのデジタル化と海外の学校

第二節でも、日本でも学級通信を含む学校プリントのデジタル化が進んでいることについて触れましたが、ここでは、視点を変えて、さらにデジタル化が進んでいる海外の学校における学校プリントを含む通信事情を見てみましょう。具体的に、インドネシア、ベトナム、モンゴル、中国、韓国に在住の保護者、あるいは学校関係者の方にご協力いただき、学校プリントを含めた学校からの連絡手段について教えていただいた状況を紹介します。

もちろんこれらの事例は、それぞれの国全体の状況を示す訳ではありません。また、新型コロナウイルスの感染拡大を受けてこれまでとは異なる点も多々あるとは思います。それでも、日本とは異なる海外の多様な取り組みを概観することによって、日本のこれからの学校プリントの在り方を考える一助となるのではないかと思います。

(1) インドネシアの小学校のケース

インドネシアでは、首都ジャカルタにある私立小学校に通うお子さんを持つ保護者にお話をうかがうことができました。

まず、学校からの通信は、基本的には紙媒体で配られていたそうですが、2020年時点では、新型コロナウイルスの影響で学校に行けないことから、学校が提供した“WhatsApp”グループを通して学校状況を共有している状況と言うことです。

その内容は、学校・学級からのあいさつやお知らせで、具体的には家庭学習のための教科目の内容と保護者への協力のお願い、子供の学習活動についての“Google meet”などのビデオ会議システムでの報告会のお知らせなどがあるそうです。こうした状況に対してインタビューをした保護者は、「誰もがスマートフォンを持っている状況であるため、柔軟に新しいメディアを取り込んでいるのは合理的だ」と肯定的に受け止めているよう

でした。

SEKOLAH
PENDIDIKAN HOLISTIK BERBASIS KARAKTER TAUHID (PHBKT)
Telp. 0812

Nomor : /2020 Serpong, 06 Juli 2020
Lampiran : -
Perihal : Pemberitahuan

Yth. Ayah dan Bunda Orang Tua Siswa kelas 2

Assalamualaikum Wr. Wb.

Waassalamualaikum Wr. Wb.

Mengetahui,
Kepala Sekolah

Wali Kelas 2A (Al-Mujib)

図５　インドネシアの小学校からのメール通信例

(2) ベトナムの小学校のケース

ベトナムでは、ハノイの公立小学校とホーチミンの公立中学校に通う２人の男子児童の保護者の方々に話をうかがいました。

ベトナムでは、基本的には学級通信など定期的に紙媒体の学校プリントを配る習慣がなく、保護者のサインが必要な場合のみ、プリントが配られる状況とのことでした。けれども、学校から保護者への連絡・通信が全くなされないのかと言うとそうではなく、むしろ「電子連絡帳」と言う電子媒体を利用して行われているとのことでした。

具体的には、生徒の保護者が携帯電話の番号を学校に提供すると、毎日担任の先生から学校でのできごとや宿題などの情報がSNSを通じて送られてくるとのことです。SNSでの連絡は、それぞれの保護者に送られてくることもあれば、クラス全体のグループ、クラス内の特定のグループなどが作られ、学校情報、成績などが伝えられるそうです。

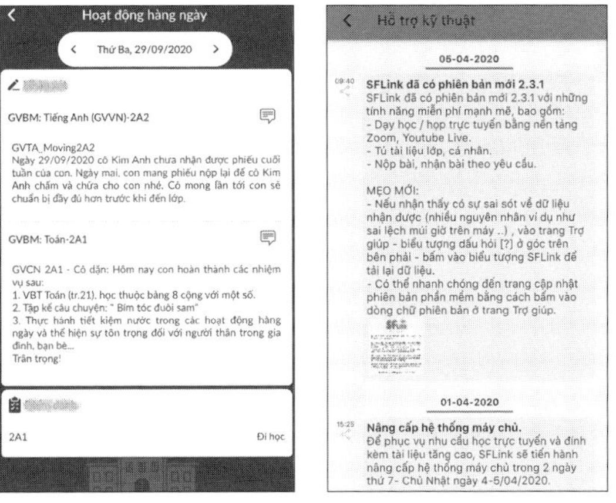

図6　ベトナムの小学校・中学校からのSNS連絡

(3) モンゴルの小学校のケース

モンゴルでは、小学3年生になる双子の男子児童を私立小学校に通わせている保護者に話をうかがいました。男子児童が通っているモンゴルのその学校では、学校からの連絡に紙媒体を使うことはなく、基本的にはFacebookで同じクラスの保護者と担任の先生とのグループページを使って行われるとのことでした。ただし、モンゴルでは小学校の送迎は保護者が行うことになっているので、その際に保護者と先生が直接話をして情報交換を行うことができるそうです。

また、モンゴルではいろいろなことが急に決まることが多く、それに対して保護者の意見を求められることもあるとのことです。ちなみに、毎年実施される家庭環境調査（保護者の職業や家族構成、子どもの好みなどの質問）もウェブ上での調査でした。

ただ、一般的には、これらの連絡以外では紙媒体での配布物があり、子ども向けと保護者向けの2種類が別々に作成されているそうです。子供向けの配布物には授業ごとに必要な教材などを記した用紙が配布され、保護者向けには、保護者会のように親が学校を訪問した際に学校パンフレットとして、必要事項を示した用紙が配布されるとのことです。図7の小学校3年生の保護者向けパンフレットには、学級構成、今年度の学期構成、給食費や教科書代（全ての学校で使用される教科書は無償貸与だが、英語などの特殊な教科書は購入する）、3年生向けの推薦図書の案内、1学期の学習内容、発達段階における子どもの特徴、クラブ活動、行事、成績基準（モンゴルでは3年生から成績がつけられる）などの内容が示されています。

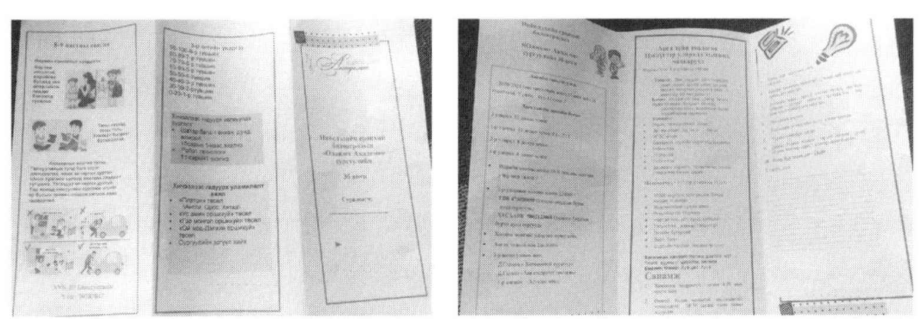

図7　モンゴルの小学校で配布される保護者向けパンフレット（表・裏）

(4) 中国の小学校のケース

中国は、北京在住でお子さんを公立小学校に通わせている保護者に話をうかがいました。

中国（北京）では保護者のサインが必要な場合は、返信ができる紙媒体も使われているとのことですが、インターネットを通じての配信も多く、学年初めの連絡、夏休み、学校行事への保護者の理解と協力を求める連絡などがメール配信されているとのことです。さらに、新型コロナウイルスの影響による家庭学習において、家庭での子どもへのケアや安全管理、心理サポートなど多種多様な情報が配信されているほか、推奨するテレビ番組などについての二次元バーコードも示されており、ICTを積極的に活用している状況でした。

一方、学級通信などのようにクラスの様子などをプリントで伝えるといった習慣はなく、たまにSNS（“Wechat”）のクラスグループに写真などが送られる程度とのことです。

なお、中国もモンゴルと同様に学校の送迎は保護者が行うことになっているため、その際に教師と話をする機会があるそうです。

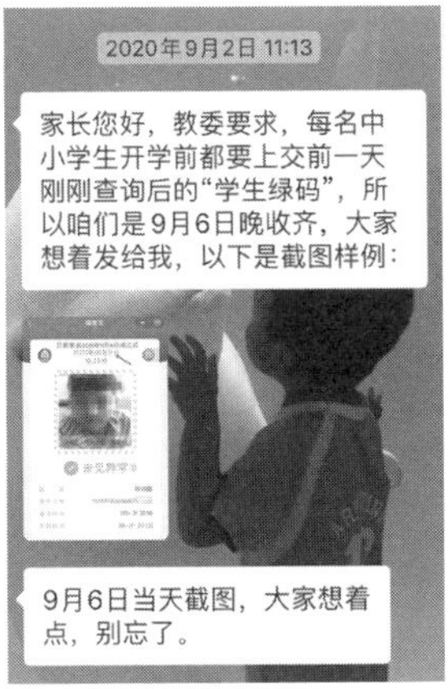

図８　中国の教育委員会からの SNS 連絡

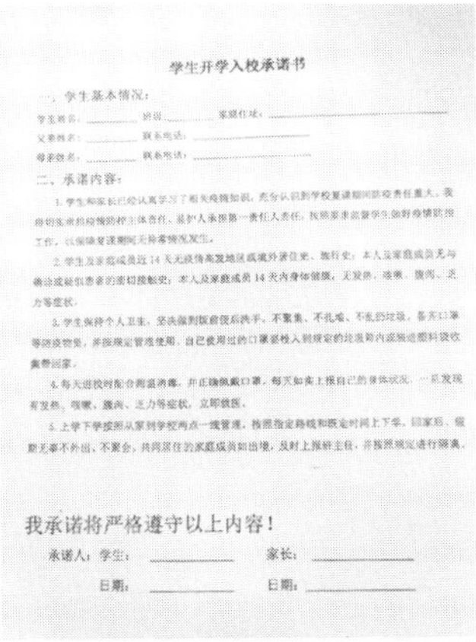

学生开学入校承诺书

一、学生基本情况：

二、承诺内容：

我承诺将严格遵守以上内容！

承诺人：学生：________　家长：________

日期：________　日期：________

図９　中国・保護者のサインが必要な紙媒体での連絡

(5) 韓国の小学校のケース

韓国については、ソウル市の公立小学校の先生に状況を教えていただきました。韓国では紙媒体の連絡はあまり使われることはなく、学校のホームページや「クラステング“Classting”」という“Google Classroom”のようなアプリを使い、ネットベースの情報発信を行っており、担任の先生は保護者が情報を受信したかどうかがわかる仕組みになっているとのことです。

また、担任の先生と保護者との間でメールや電話でのやりとりを行うことも多いそうですが、保護者が学校の情報を知りたい時には、学校のホームページを閲覧するのが一番良いようです。すなわち、学校のホームページの「学校からのお知らせ」のバナーを開けば、例えば学年を指定した学習及び生活指導に関する案内などの様々な情報を確認することができます。時には子供の学習への保護者の協力が求められることもあるそうです。

さらに、外国人保護者向けに、それぞれの地方教育行政の主導のもとで、学校通信の文例を外国人保護者の母語に翻訳した詳細なリストが作成されており、学校は必要に応じて、その（翻訳）リスト文を使いながら、保護者にメールで情報を届けるといったサービスも行われているとのことです。

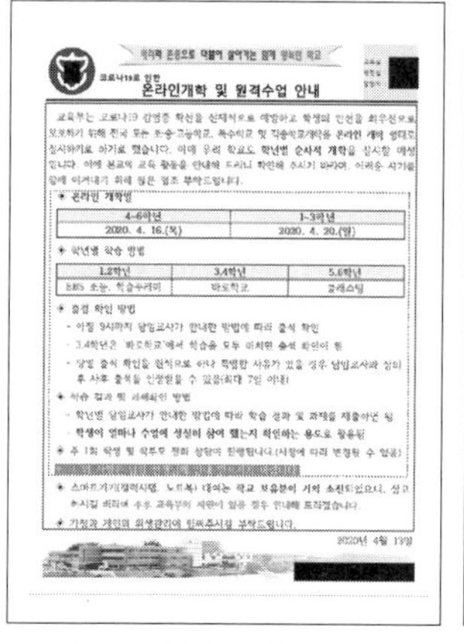
코로나19로 인한
온라인개학 및 원격수업 안내

◈ 온라인 개학일

4-6학년	1-3학년
2020. 4. 16.(목)	2020. 4. 20.(월)

◈ 학년별 학습 방법

1.2학년	3.4학년	5.6학년
EBS 초등, 학습꾸러미	바로학교	클래스팅

2020년 4월 13일

図 10　韓国の学校通信

コロナ 19 による
オンライン始業式および遠隔授業のお知らせ

教育部は、コロナ 19 感染症の拡大を予防し、児童生徒の安全を最優先に考え、全国の全ての小中高と特殊学校、各種学校の始業式をオンライン形式で行うことを決めました。これにより、私たちの学校も学年別に順次始業式を実施する予定です。これに関する教育活動をご案内しますので、ご確認ください。この大変な時期を乗り越えるために、皆さんのご協力をよろしくお願いします。

◆オンライン始業日

4~6 年生	1~3 年生
2020. 4.16（木）	2020. 4.20（月）

◆学年別学習の方法

1, 2 年生	3.4 年生	5, 6 年生
EBS初等、学習パッケジ	「バロ学校」	クラステング

◆出欠確認の方法
一朝 9 時まで，担任先生が知らせた方法に従い、出欠の確認
一3．4 年生は「バロ学校」で学習を全て終わって時点で出席となる
一当日の出欠の確認を原則とするが、やむを得ない事情がある場合は、担任先生に相談の上、事後に出席を認めてもらうことも可能（最大 7 日以内）
◆学習結果および課題の確認方法
一学年別に担任先生がお知らせた方法に従い、学習結果と課題を提出すればいい
一生徒の授業への参加の度合いを把握するために使われる
◆週 1 回、生徒と保護者への相談の電話が入ります（変更の可能性あり）

◆スマート機器（Galaxy タップ、ノートパソコン）の貸し出しは、学校の在庫が殆どなくなりました。今後教育部からの追加支援があった時にはお知らせします。
◆ご家族と個人の衛生管理にご協力ください。

2020 年 4 月 1 日
初等学校長

図 11　通信（翻訳）

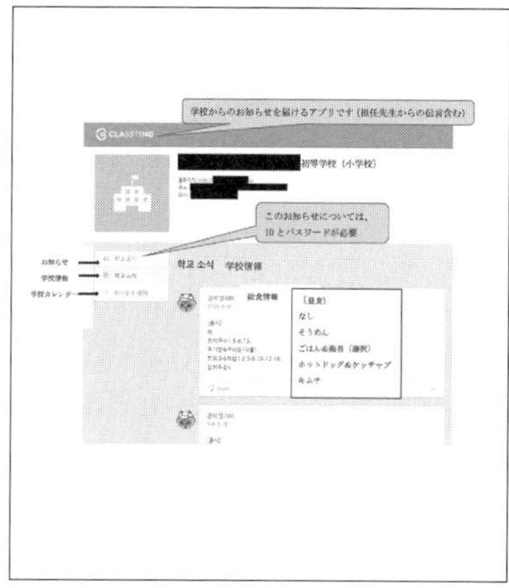

図 12　韓国・クラステングによる連絡

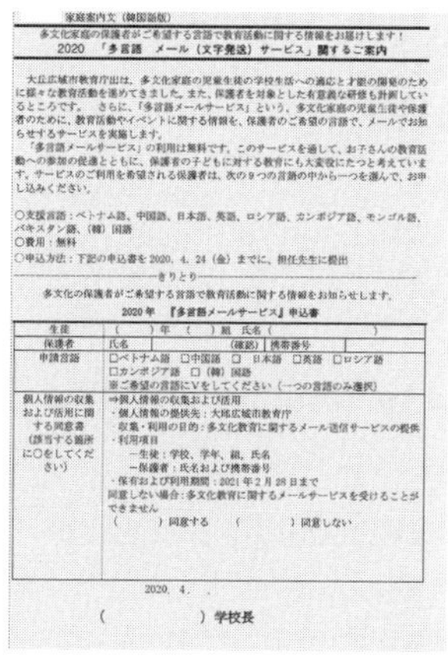
家庭案内文（韓国語版）

多文化家庭の保護者がご希望する言語で教育活動に関する情報をお届けします！
2020　「多言語　メール（文字発送）サービス」関するご案内

大丘広域市教育庁出は、多文化家庭の児童生徒の学校生活への適応と才能の開発のために様々な教育活動を進めてきました。また、保護者を対象とした有意義な研修も計画しているところです。　さらに、「多言語メールサービス」という、多文化家庭の児童生徒や保護者のために、教育活動やイベントに関する情報を、保護者のご希望の言語で、メールでお知らせするサービスを実施します。
「多言語メールサービス」の利用は無料です。このサービスを通して、お子さんの教育活動への参加の促進とともに、保護者の子どもに対する教育にも大変役にたつと考えています。サービスのご利用を希望される保護者は、次の 9 つの言語の中から一つを選んで、お申し込みください。

○支援言語：ベトナム語、中国語、日本語、英語、ロシア語、カンボジア語、モンゴル語、パキスタン語、（韓）国語
○費用：無料
○申込方法：下記の申込書を 2020．4．24（金）までに、担任先生に提出

――――きりとり――――

多文化の保護者がご希望する言語で教育活動に関する情報をお知らせします。

2020 年　『多言語メールサービス』申込書

生徒	（　　）年　（　　）組　氏名（　　　　　　）			
保護者	氏名	（確認）	携帯番号	
申請言語	□ベトナム語　□中国語　□　日本語　□英語　□ロシア語 □カンボジア語　□（韓）国語 ※ご希望の言語にVをしてください（一つの言語のみ選択）			
個人情報の収集および活用に関する同意書 （該当する箇所に○をしてください）	⇒個人情報の収集および活用 ・個人情報の提供先：大邱広域市教育庁 ・収集・利用の目的：多文化教育に関するメール送信サービスの提供 ・利用項目 一生徒：学校、学年、組、氏名 一保護者：氏名および携帯番号 ・保有および利用期間：2021 年 2 月 28 日まで 同意しない場合：多文化教育に関するメールサービスを受けることができません （　　　）同意する　（　　　）同意しない			

2020．4．　．

（　　　　　）学校長

図 13　外国人保護者への連絡

以上、アジアの国々における学校プリントの通信手段についての状況を見てきました。もちろん紹介した学校は比較的状況が良い学校で、一般的な学校とは少し異なるかもしれませんが、学校からの連絡は、ほとんどが

電子媒体を利用していることがわかりました。どの国も紙媒体に関しては、保護者の同意が必要な場合、あるいは保護者に直接手渡す場合などに限られているようでした。また、メール、SNS、アプリなど媒体は様々でしたが、どの国もインターネットを介して、学校からの連絡だけでなく、保護者へのアンケートや時には子供たちの宿題まで送られている状況でした。この傾向は、新型コロナウイルスの影響によりますます強まっているといえるでしょう。

第二節でもあげたように、日本でも個人情報保護などの点から、緊急連絡は電話ではなく一斉にメール送信することが当たり前になってきています。学校の連絡（学校通信など）はホームページでも閲覧可能ですし、教師、子ども、保護者をつなぐコミュニケーション・アプリも登場してきています。このように、迫りくるSociety5.0（超スマート社会）に向けて学校プリントはどうあるべきでしょうか。次節では、この点について考えてみたいと思います。

 情報通信技術の変化に対応した学校プリントとは

第一節では、学級通信を中心として学校プリントが子どもたち、保護者、教師をつなぎ、育てるといった伝統的な価値について考えてきました。ところが、近年、ICTの導入や外国人児童生徒の増加による「多文化化」など教育現場も大きく様変わりしたこと、さらに海外では紙媒体から電子媒体への通信手段の移行が日本以上に進んでいる状況を見てきました。

さらに、教師の働き方改革が叫ばれるなかで、担任教師による学級通信作成という作業自体も負担項目として指摘されるようになっています。たしかに、地域社会の希薄化、モンスターペアレントなど様々な保護者への対応、ICTの活用など新たな教育方法の導入、教師への社会的評価の変化などにより、教師の作業負荷・ストレスはますます増大しており、負担軽減が必要であることは論をまちません。しかし、学校プリント、とりわけ学級通信といった1つの「紙切れ」をなくすことによって、失う物もある

のではないでしょうか。これまで見てきた学級通信のより良い点を残しつつ、現代的にそれを変換し、効率化・スリム化するにはどうすれば良いでしょうか。

学校に何を望むのかという学校観について、人類学者のトーマス・ローレンは『日本の高校』と題する研究書の中で、アメリカの教師と日本の教師の異なる側面を説明しています。ローレンによれば、「（日本の）教師集団は、生徒の行動やしつけに全責任を負っており、この課題を果たすことを目的として組織されている。アメリカでは普通、しつけややる気の問題は別の管理部門に委ねられており、教師は授業だけに専念できるようになっている」（pp.169-170）とのことです。すなわち、日本の教師は「授業以外で教育的な業務を行う」割合がアメリカに比べて非常に高いといえます。この知・徳・体を一体的に教育することこそが「日本型学校教育」の特徴なのです。この日本的な特徴を持つ教育の将来像について、2021年1月26日の中央教育審議会答申「「令和の日本型学校教育」の構築を目指して ～全ての子供たちの可能性を引き出す、個別最適な学びと、協働的な学びの実現～」では、Society5.0時代、あるいは予測困難な時代の新たな在り方を示し、これまでの実践とICTとの最適な組み合わせが必要だとしています。これは、学校プリントにもいえることでしょう。

新型コロナウイルスの影響は、教材のデジタル化や授業のオンライン化を促進しましたが、学校から家庭への通信手段においても今後ますます紙媒体から電子媒体へと向かっていくのは必然といえます。これは、諸外国の事例を見ても分かります。日本では、オンライン化による押印廃止論争ばかりが目立っていましたが、GIGAスクール構想に代表される国のデジタル化推進施策は、海外の動向を見据えるとともに、教師の負担軽減につながることをねらってもいるでしょう。たしかに、学級通信を印刷し、配布し、時には回収するといった一連の作業が、クリック1つですむようになれば、作業効率は高まります。また、印刷の場合は、経費の関係で白黒になる場合でも、デジタルで送信すればカラーで送信できるのもメリットといえます。さらに、保護者に直接届けられるために、子どもの渡し忘れもありませんし、紙媒体のような紛失もありえません。外国人の保護者にとっても、翻訳機能を活用して内容を把握することも可能となります。

学級通信の作成方法に関しても、テンプレートを活用して文字を入力するだけという簡易な方法もあれば、少々手間はかかりますが、手書きで作成したあとにスキャンするといったデジタルとアナログを組み合わせる方法も可能です。もっともよく使われる文書作成ソフトの中にも学級通信のテンプレートが含まれていますが。このほかにも、例えばコピー機メーカーでもある理想科学工業では「学級通信に役立つ情報と素材」としてテンプレートや枠、鯉のぼりのイラストなどの素材を無料でダウンロードできるサービスを提供しており、様々な形での個性的な学級通信を作成できる環境が整いつつあります。

以上のように、電子媒体の発展は、第一節で示した第一の目的・役割である「学校からの情報の通知・提供」と、第二の目的・役割である「各学級特有の情報提供」の即効性と確実性を向上させることには確かに役立っているといえます。けれども、第三の目的・役割である「つなぐ／つなげる」、そして第四の「育つ／育てる」と言う側面はどうでしょうか。

これまで学級通信は、学級集団と子ども一人ひとりの成長、教員の資質や教育技術の向上など、通信だけではない側面にも、伝統的にそれなりの役割と機能を担ってきました。一枚一枚ガリ版刷りをしていた時代に比べれば作成自体は楽になったといえるかもしれませんが、逆に画一化されたテンプレートを用いることによってそれぞれの先生の個性（味わいあるいは人間性と言っても良いですが）が失われることにもなりかねません。先に述べたように、デジタル化に伴い、学級通信が単なる通信手段と化してしまえば、そうした人間的な部分を「そぎ落とし」てしまう危険性もあります。そして、伝統的に学級通信が担ってきた「つなぐ／つながる」「育つ／育てる」といった部分を代わりに受け持つ学校内外の「人・物・場所」、あるいは新たなシステムや方法が模索される必要があるのではないでしょうか。

さらに、学校の変化と同時に、地域社会や保護者あるいは家庭の変化も視野に入れる必要があります。特に、これからますます進むであろう「多文化化」に関しても課題が残ります。例えば、外国人の保護者にとっては、パソコンやスマートフォンの翻訳機能で日本語の意味は分かったとしても、日本文化、学校文化、学習文化まで理解できるとは限らないからです。

教員は、この情報技術革命に対してどのようにして既存の良さを残し、またどのように課題を解決していくかを、それぞれの立場で考え、対処していく必要があるでしょう。そのためにも、Society5.0や多文化化を含むダイバーシティ（多様性）に対応しうる新しいスタイルの学校プリントの在り方を構想していく必要があります。教員一人ひとりの取り組みは無くなってはおらず、そうした蓄積を踏まえて、「学級集団の中で子どもを育てる」という「令和の日本型学校教育」の日本の教師の優れた取り組みや価値観が今後も維持されるよう考えていかなければなりません。

まとめ

- ◉学校プリントは、子ども・保護者・教師をつなぎ、育てるという伝統的価値を持つ。
- ◉学校プリントは、学校と外国人保護者をつなぐツールとなり得る。
- ◉学校プリントには、ICTの進化に対応しつつ既存の良さを残す取り組みが求められる。

引用・参考文献

苅間澤勇人(1996)「実践報告　学級通信記事における教師メッセージの研究　―2種類のメッセージの提示を通して―」『教育メディア研究』vol.3, No.2
木村学(2020)「学級通信の期限とその変遷　『日本作文の会』機関誌『作文と教育』の分析を中心に」『文京学院大学人間学部研究紀要』vol.21, pp.135-142.
国土社(編)(1992)『教育』第42巻13号

小板篤史・赤坂真二(2018)「学級通信を介した友人関係の深まりに関する事例的研究―児童の良さを伝える学級通信に着目して―」『上越教育大学教職大学院研究紀要』第5巻 pp.13-22.
佐藤正寿(2020)「学級通信の発行に関する教師の意識」『日本学級経営学会誌』第2巻 pp.9-12.
首相官邸「教育再生実行委員会第9次提言」
https://www.kantei.go.jp/jp/headline/kyouikusaisei2013.html#kyo15(2023年2月16日閲覧)
竹熊真波(2004)「シンガポールにおける学力問題」 九州大学教育学部(編)『いま、学力を考える』九州大学出版会、pp.216-221.
中央教育審議会答申「「令和の日本型学校教育」の構築を目指して」
https://www.mext.go.jp/b_menu/shingi/chukyo/chukyo3/079/sonota/1412985_00002.htm
(2022年6月9日閲覧)
謄写版(ガリ版):亀山歴史博物館 http://kameyamarekihaku.jp/32kikaku/zuroku/corner4.html
(2022年6月9日閲覧)
トーマス・ローレン(1988)(友田泰正訳)『日本の高校』サイマル出版会
文部科学省「外国人児童生徒のための就学ガイドブック」
https://www.mext.go.jp/a_menu/shotou/clarinet/003/1320860.htm (2020年12月2日閲覧)
文部科学省「かすたねっと」https://casta-net.mext.go.jp/ (2020年12月23日閲覧)
文部科学省「教職課程コアカリキュラム」https://www.mext.go.jp/component/b_menu/shingi/toushin/__icsFiles/afieldfile/2017/11/27/1398442_1_3.pdf (2020年12月25日閲覧)
文部科学省『中学校学習指導要領(平成29年告示)』東山書房
文部科学省「日本語指導が必要な児童生徒の受入状況等に関する調査結果の概要(速報)」令和4年3月 https://www.mext.go.jp/content/20220324-mxt_kyokoku-000021406_02.pdf
(2023年1月6日閲覧)
理想教育財団(2018)『学校における各種通信の実態と教育効果に関する調査研究 最終報告書』
Adobe「アドビ、『子どもが受け取るプリントの管理に関する実態調査』の結果を発表」
https://www.adobe.com/jp/news-room/news/201910/20191025_adobe-handouts-storage-survey-for-school-parents.html (2020年12月29日閲覧)
RISO 「通信に役立つ情報と素材」https://www.riso.co.jp/showcase/download/tsushin/index.html
(2022年6月9日閲覧)

学校教育学から見る
学校と外国人保護者の
コミュニケーション

多田孝志（金沢学院大学）

はじめに

本章では、外国人子女・保護者と学校とのコミュニケーションギャップの問題を、学校教育全体の動向と関連づけて考えてみましょう。

1980 年に神奈川県大和市南林間に大和市定住センターが開設され、1998 年までの間、ベトナム戦争で生じたインドシナ難民に対する支援が行われていました。この間、私は教育委員会の要請を受け、数回にわたり、センターの支援活動に参加しました。その際、ベトナム、ラオス、カンボジアの難民定住者の方々が、言語や衣食、生活習慣等の違いに悩んでいることに気づかされました。その後も折に触れ、大和市を訪問し、同市が、外国人子女のための教育を重視した手厚い活動をしていることを知りました。

注目されるのは、外国人子女・保護者とのコミュニケーションにおけるサポートの手厚さです。8 言語、19 人を委嘱し、連絡文・通知文書等の翻訳を行い、保護者へ情報が正確に伝わるよう支援しています。

手引書「楽しい学校」は、外国人子女および保護者が日本の学校にスムーズに入っていけるように大和市教育委員会が作成しました。8 言語翻訳で作成され各言語 3 部構成になっています。

内容をみると、学校生活で悩んだり、戸惑ったりしたときの具体的な対処法、友達の作り方、学習の仕方など外国人子女・保護者の立場に立った指針が示されています。各学校から発行される学校プリントも、ホームページを活用すれば、数か国語で読めるシステムになっているのです。

定住センター時代から外国人子女の教育に関わってきた、長年の友人であるYI先生は、「外国人子女たちは、いまや特別な存在でなく、その個性を生かすことにより、学校生活の諸活動で、視野を広げ、学びを深める貴重な存在となっている」と述べています。

外国人子女・保護者への支援は、日本の学校への適応にとどまらず、その多様性を活用することにより、日本の学校教育そのものを新たな時代に向けて拓いていくことにつながっているようです。それを可能にしている大きな要因は、外国人子女・保護者とのコミュニケーションの手厚さであるとみることができます。

新たな時代の到来と学校教育の方向

いま新たな時代に対応した学校教育の展開が要請されています。外国人子女の教育に関わる学校から発行するプリント類のあるべき方向を検討する前提として、時代の変化に対応して学校教育はどのように変わっていかねばならないのかを考えてみましょう。

外国人保護者と学校との連絡文書にかかわる問題は、日本の学校教育を新たな時代に対応したものに変革していく手がかりを与えているのです。

まず、新たな時代について考えていきましょう。新たな時代とは、世界の1か所で起こった事件や問題が響き合い関連する時代です。また、交通運搬手段の急速な発展により、人、物、情報などの国境を越えた往来が拡大し、多様な文化や価値観を持った人々が共に生きていく社会、多文化共生社会が現実化していく時代でもあります。

こうした時代に対応した教育の方向を示唆する指針が示されています。その代表的なものを紹介しておきましょう。

ユネスコ（United Nations Educational, Scientific and Cultural Organization）報告書『学習：秘められた宝』（1996）では、「教育は個人だけでなく、共同体発展の中心的存在でもある」とし、教育の使命は、共通の未来の設計と構築に向け、個人の能力や創造性の発揮とともに、共同体の発展に協力する人間の育成にあると記しています。

国連持続可能な開発のための教育（ESD：Education for Sustainable Development）（2002）は、未来を視野に入れた学習の必要性を明示し、「持続可能性を基盤とし、将来に向かって経済的、社会的、資源・環境的視点から持続的で未来に希望がもてる社会の構築」を新たな時代の教育の目的として提起しました[1]。

2015年9月の国連サミットでは、この先の世界が、いま以上によくなるために、2030年までに世界の人が全員で協力して解決すべき目標として「SDGs：Sustainable Development Goals（持続可能な開発目標）」が決められました。

これらの報告書・提言、開発目標は、さまざまな立場の人々が文化や価値観の違いを超えて、対話し、協働することの必要を明示しているのです。いま、社会の複雑性・多様性などをむしろ活用して、自己や他者、多様な生命体、事象とのかかわりを重視し、対話し、熟考し、人間が本来持っている叡智を生起させ、持続可能で希望ある未来社会を創造する担い手を育成することが学校教育に求められているのです。

令和2年10月7日、中央教育審議会初等中等教育分科会は、「令和の日本型学校教育の構築を目指して～全ての子供たちの可能性を引き出す、個別最適な学びと、協働的な学びの実現～（中間まとめ）」を提示しました。しかし、直面する課題とした7項目の中に、子供たちの多様化（特別支援を受ける児童生徒や外国人児童生徒の増加、貧困、いじめの重大事態や不登校児童生徒数の増加）を掲げています。

学校における外国人子女教育の推進は、我が国の教育の国際化、持続可能な社会の創り手の育成に関わる重要な課題なのです。

1　2002年 世界首脳会議（ヨハネスブルグ・サミット）で日本政府およびNGOが提唱した。第57回国連総会本会議で、2005年から2014年までの10年間を「国連持続可能な開発のための教育の10年（UNDESD、国連ESDの10年）」とする決議案が採択され、ユネスコがESDの主導機関に指名された。

外国人子女を活用した学校教育の方向「異との共生」

外国人保護者へ学校から発行するプリント類のあるべき姿を希求するため、まず外国人子女を生かした学校教育の方向について考えていきましょう。外国人子女は新たな時代の人間形成を進めるのに、きわめて貴重な存在なのです。それは、いま、外国人子女の増加にみられるように、多様な文化や価値観、考え方や行動の仕方をもつ人々と共に生きていく多文化共生社会が現実化してきたからです。学校教育において外国人子女の存在を生かすことは、そうした多文化共生社会に生きる人間の育成を促進してくれるのです。

このことの意味を深く考えるため、すこし遠回りかもしれませんが、多文化共生社会の基盤となる「共生」とはいったいどのような概念なのかを考えてみましょう。共生には、「同質との共生」と、「異質との共生」があると考えられます。新たな時代における人間形成の基調としての共生とは、文化や価値観などの異なる人々と共存し、対立や葛藤を克服し、希望ある未来社会を構築する「異質との共生」なのです。

日本に滞在する外国人は増加の一途にあります。総務省「住民基本台帳に基づく人口、人口動態及び世帯数」によると、2021年1月1日の外国人人口は281万人で、外国人住民の割合は2.22%となっています。

異質との共生社会は進行していることがわかりますが、こうした異質との共生で重視すべき事項はどのようなことでしょうか。共生とは、自然と人間との共生、宇宙の秩序との共生の意味を包含しますが、ここでは多様な文化や価値観をもつ人々との共生について考えていきましょう。

日本の社会ではあまり個性を出さず、対立を忌避し、同調を重んじる傾向があります。しかし、新たな時代の到来を視野に入れたとき、多様な文化や価値観をもつ人々と交流し、協力し合うためには、異なる文化への理解を深めるとともに、多様性を活用する、ときには異見や対立などを利用して新たな知の世界を拓いていく姿勢をもつことも不可欠です。新たな時代の学校教育は、同調・調和重視から、多様性を重視し、対立や価値観の違いをむしろ活用する「異との共生」を重視することが大切なのです。

筆者はこれまでアジア・欧米・オセアニアなどの国々を回り、当地で学校を訪問し、授業参観してきましたが、日本の教師は全体的に見て優秀であり知識を教えることは世界的に見て高いレベルにあります。しかし、「異との共生社会」に対応した人間形成に有用な存在である外国人子女のもっている異なる文化への理解を深めたり、さまざまな生活習慣や考え方や体験をうまく生かしていくことに関しては、まだまだ認識を深め、学習・生活指導の方法を研鑽していかなければならないのではないでしょうか。

外国人子女やその保護者との相互の理解を深めるのに、有効な素材は学校から出されるプリント類です。このプリント類が相互理解、信頼の有効な手立てになるためには、学校教育そのものの在り方を「異との共生」の視点から問い直す必要がありそうです。

4 新たな時代に対応した学校教育の本質「多様性」

「異との共生」を基調におく、新たな時代の学校教育を展開する、そのためにはSociety5.0への対応[2]、学習方法の改革、地域との連携、教師の新たな役割などの多くの要件があるでしょう。本節では外国人子女の教育に際して最も重要と思われる「多様性」と「間」の観点（「間」については次節で詳しく述べます）に集約して、その意味と活用方法について述べることとします。まず「多様性」について説明していきましょう。

外国人子女が、日本の学校教育を世界に拓くためにもたらしてくれているものは「多様性」ではないでしょうか。私自身が世界各地を訪れ、滞在し、現地の人々と交流してきた体験から、世界は多様性に満ちていることを実感します。世界の多様性が具体的に現れるのは、生活・生業の文化です。たとえば、食事では箸、スプーンとフォークを使う人々もいれば、手食の人々もいます。日本人が、蕎麦を食するときに音を楽しみますが、こ

2　狩猟、農耕、工業、情報社会につぐ、仮想空間と現実空間を高度に融合させたシステムより、経済発展と社会的課題の解決を両立する人間中心社会。

れを失礼と感じる人々もいます。日本では愛玩動物である、犬を食する民族もいます。東京の豊島区にあるインターナショナル イスラーミーヤ スクール大塚の学校だよりには、ムスリムの子供たちが日本の学校になじめない例として、具体的に下記が記されています。ムスリムの児童・生徒は楽器を演奏したり、歌を歌ったりすることが宗教上できないことや、イスラームでは偶像崇拝が禁じられているため、他の生徒が自画像を描くときは、別のものを描くということ、また、水泳の時間は肌をさらさないようにするため見学するなどのことです。

日本の子供たちも、これからどんどん、世界に出ていくことでしょう。日本にいても、大人になったとき、外国の人々と、いっしょに仕事し、生活をするのが当たり前になるに違いありません。外国人子女が学校にきてくれることは、日常の学校生活の中で、世界の多様性を知り、また多様な生活習慣や考え方を身に付ける大きなチャンスなのです。こうした考えをもつことにより、学校からのプリント類の内容・出し方も工夫がされていくに違いないと思われます。

(1) 多様性とは

新たな時代に対応した学校教育のキーワードである「多様性」についてもう少し考察しておきましょう。

世界は多様な民族の集合体であり、自分たちと文化や価値観が異なる人々がいることへの認識を深めることは、これからのグローバル時代、多文化共生社会に生きる人間形成の基本と言えるでしょう。

「多様性」は現代の社会を読み解く重要なキーワードです。多様性は、「個人的多様性」と「社会・文化的多様性」に大別できるでしょう。個人的多様性とは、感じ方・見方・考え方・生き方などであり、同じ事象・事物も個人により、受けとめ方は様々です。社会・文化的多様性には、社会の構造・制度、宗教、生活文化（衣食住、言語等)、職種、学歴、生活習慣・思惟方式、対人距離などが含まれます。例えば、牛を神聖な動物とする民族、鱗のある魚や豚は食べない民族などもいるのです。

このように、多様性に満ちた世界で私たちは、異なる文化や価値観を持つ人々と共に生きていかねばならないのです。そうした社会に生きるために必須なのは「多様性への認識を深め、活用する」ことといえます。

ユネスコの文化の多様性に関する世界宣言（2001）は「第３条、発展の要因としての文化の多様性」を提示しています。確かに同じような考えの集団での論議では、とかく一定の枠内の結論に留まりがちです。さまざまな考え方、見方、体験などを持つ人々が話し合うと、新しい知識を学び、いろいろなアイディアがでてきます。

私は中近東クウェートにいたとき、アラブの若者たちに柔道を指導していました。その柔道の教え子たちと練習後に車座になって語り合うのが楽しみでした。そんなある日、イスラムの戒律について質問してみました。

ラマダーン月（旧暦）とは、日の出から日没まで食べ物はもちろん、水さえ口にしない月のことです。猛暑の中でのラマダーン月はいかにも大変そうです。午後には眼のふちに塩が浮かぶ人さえいます。その戒律を守る意味を柔道の教え子たちに聴くと、ラマダーン月には「一切の飲食を断つことにより、空腹や自己犠牲を体験し、飢えた人への共感を育むこと、胃腸を休め健康な体にすること、また親族や友人らと共に苦しい体験を分かち合うことで、ムスリム同士の連帯感を強めること」などのよさがあるとのことでした。日本人には奇異に感じるこのイスラムの戒律には深い意味があることを知りました。

(2) 生活・生業文化の多様性を活用し、視野を広げ、思考を深める

日本に来る外国人留学生は、自分たちの国と日本との違いをどのようにとらえているのでしょうか。そこには多様性を理解するヒントが隠されています。以下は、日本語教育専攻の大学院授業で行ったアンケートの結果です。日本のイメージと海外との違いを自由に書いてもらいました。

中国・韓国・インドネシア

日本へのイメージ：
礼儀正しい，本音と建前がある，意見があいまい，和を大切にする，米がおいしい，アニメがおもしろい，政治力がない，働きすぎ，引きこもりが多い，贈り物をし合う習慣がある，一人食が多い，大学が多い，格差がない，地震が多い，新幹線が便利，技術力がたかい
海外では：
自分の意見をはっきり言う（中国・韓国） 贈り物をされてもすぐ返礼しない，バスの待ち方や乗り方が違う（中国） シャワー1日3回（インドネシア）， サンプルをいっぱいもらう，食事はみんなで，整形手術が盛ん（韓国）

タイ・ブラジル・ベトナム

日本へのイメージ：
ごはんがおいしい，人口密度が高い，サービスが良い，集団主義で自分の意見をはっきり言わない，健康志向が高い，リーダーシップが無い，人に優しい，まじめ，地震が多い，周囲のことを気にする，原子力発電が多い，人間関係が複雑，技術力が高い，被爆国
海外では：
大通りに信号がない，自分の意見ははっきり主張する（ベトナム） 市場でのお肉はKg単位，時間にこだわらない（ブラジル） バイクが多い（タイ）

わずか6名の記述ですが、留学生たちが日本と自分たちの国との生活習慣や行動の仕方、自己表現の違いを感じていることが分かりました。

その後、この結果をもとに、日本人の大学院生を交えて論議しました。例えば、日本では他者に親切にされるとすぐお礼をする習慣がありますが、「返礼をしない」国もあります。このことにさまざまな国の留学生たちからの意見を出してもらいました。すると、「すぐ返礼するのは他人行儀だ」「こんど自分が他の困っている人に親切にすればよい」等の意見がだされました。留学生たちとの論議の最後は「お互いに生活習慣や慣習などの違いを知ることが大切だ。たとえ十分にわからなくも、世界には自分たちとは違う、習慣や考え方があることを認識しておくことこそ、これからの社会で大切ではないか」との意見で一致しました。

生活習慣等の生活・生業文化の多様性をむしろ活用して論議すると、より深い文化理解ができることが分かります。

グローバル時代・多文化共生社会の教育の重要な要件は、多様な文化・価値観・体験などを活かし、対立や相互理解の困難さを克服し、そこから、可能な限り、参加者が納得できる解や知恵を共創することにあります。

確かに、多様な文化や価値観を有する人々との間には、ときとして深い溝があり、相互理解のむずかしさがあります。だからこそ、学校から発行されるプリント類が単なる情報の提供にとどまらず、相互理解を深め、日本人・外国人子女の新たな時代の人間形成に役立つ内容であってほしいと願います。

5 新たな時代に対応した学校教育の本質としての「間」

新たな時代の学校教育のキーワードは多様性とともに「間」(ま)[3]であると考えます。間とはいったいなんでしょう。「間」は広い概念で、さまざまな要素が含まれていますが、本節では「場(空間)としての間」と「時間としての間」に集約して考察していきます。

この「間」の捉え方が、外国人子女を学校教育に活用するための基本的

3 「間(ま)」は「あいだ」や「はざま」でもある。「間」とは、時空・場のみならず、さまざまな関りなど、深遠な内容を包含している。本節における「間」は、バフチンの対話論の「ポリフォニー」の響きわたる「場」や、清水博が、生命活動の内に見ている、多様な複雑性とそこに自己組織される秩序という、関係性を重視した「共生の論理」を基調においている。さらに、加藤周一の時間の感覚の多様性の指摘、「間」を固定でなく広がりのある時空ととらえる中井正一の見解に示唆を受けている。

な考え方を明らかにしていきます。また、そのことが、本書のテーマである学校から発行されるプリントの内容にも反映されていくことが望まれるからです。

まず、「間」のとらえ方を問い直すことからはじめます。説明を分かりやすくするため、私が体験した事例を随所に紹介します。

(1) 異質の共存・共生の場としての間

カナダのバンクーバーの高校の教員をしていた時のことです。授業後によく中国、韓国、台湾、香港、フィリピン、ベトナム、タイなどから高校留学した生徒たちが研究室にきてくれました。そして、日本のアニメのこと、男女関係、結婚観、カナダの学校のことなどを語り合う時間をすごしました。語り合いが楽しいらしく、私の住むマンションまで押しかけてきたりもしました。論議中に決して意見が一致するわけでなく、むしろ互いに反論したり、別の角度からの意見も出たりしましたが、むしろそれが充実した論議になっていました。彼らを見ていて、日本の高校生たちがとかく、自己抑制し、なかなか反論したり、批判したりしない傾向があるのに比して、自由・闊達だと思いました。

深く考える力や広い視野を育むためには、日本の学校生活の「場（空間）としての間」を「同調重視傾向」から「異との共存・共生」へと転換する必要を痛感しました。

「同調重視傾向」から「異との共存・共生」の場にしていくためには、さまざまな意見を前向きに受け止める受容的雰囲気をつくることが大切です。また自分の意見を持つ習慣も身に付ける必要があります。

私たちの生活は、縦横に目に見えない境界線により分けられています。法律の規定だけでなく、社会に蔓延する偏見・差別、二分法の考え方などです。例えば「この子は外国人だ」「この子は学力が低い」といった分け方をする見方や考え方があります。境界線により分けた方が、整理し、対応しやすいからでしょう。しかし、境界線によって分けるシステムや考え方が、格差や偏見、閉鎖性、何より生きづらさにつながっているのではないでしょうか。外国人子女の問題を考えていくことは、この固定された境界線の引き方の不条理さを糾弾することにつながるのではないでしょうか。

外国人子女は、日本の学校生活に適応することを強制されがちです。日本の学校生活に慣れることは必要ですが、自分の考え方、生活習慣を保っていくことも大切にしなければなりません。むしろその違いを尊重し合うことが、「異との共存・共生」の間を創造的な雰囲気に形成していくのです。

「場（空間）としての間」における他者との関わりは、自分の考えはこうだ、相手とは異なるといった、壁や直線で明確に分離されるものであってはなりません。相互浸透を可能にし、互いに啓発し合うことにより、自分の考えや感じ方に影響をもたらす、相互浸透を可能にする流動的な関係と考えます。

相互浸透の場としての「間」では、さまざまな見解が、相互に受けとめられ、浸透し、影響し合って、相互理解を深め、新たな解決策や叡智の共創に向かうことができます。その相互浸透が成長への温床になるのです。

外国人子女が成育歴の中で刻み込まれてきた生活生業の文化を、一方的に日本の学校制度に適応・同調させるのではなく、相互浸透により、新たな時代の人間形成に生かす姿勢こそが学校教育に望まれるのです。

(2)「とき」としての間の多様性

外国人子女の学校での行動をみていると、決まった時刻に集まらず、また質問にすぐ答えない子がいます。これは「とき」の感覚が日本とは違っていることによることが多いのです。

「とき」としての間の捉え方は、多様な人々との叡智の共創に極めて重要な意味をもちます。異なる文化的背景を持つ他者とのかかわりにおいては相手との時間の感覚の違いを意識することは相互理解において大切です。

時間（とき）に関する研究として、アメリカの文化人類学者であり、異文化コミュニケーション学の先駆者エドワード・T・ホール（Edward Twitchell Hall Jr）が提唱したMタイム（Monochromic Time）とPタイム

（Polychronic Time）があります。

ホールは、身体距離やしぐさは、その行為者がもつ文化の背景に影響され、言語で表明されない非言語の文化的背景に大きく依存する文化（例、日本、アラブ圏、地中海圏の社会）とアングロサクソンなどの非言語の文化的背景にそれほど大きく依存しない社会で、しぐさや身体距離が異なることを発見した研究者でした。

異文化コミュニケーションの世界では「時間の概念は、それぞれ固有なもの」とされています。クウェートに住んでいたとき「ラーハ」という時間感覚について知りました。それは「ゆったりすごす、瞑想にふける、お祈りをする、人と話す」時間でした。当地の人々の、水パイプをゆったりと楽しみ、また砂漠で満天の星をみつつ、詩作にふけるなど、静かに流れる時間に身をまかせるようすを見聞し、現代の日本人との「時の観念」の違いを実感しました。

冒頭に例示した、外国人の子供たちが決められた時間に遅れる傾向があっても、それは母国の生活習慣によるものかもしれません。

学校だよりなどに、こうした時間の感覚の違いについての情報を記すと、保護者たちも日本の学校における時間厳守の意味を納得しやすくなるのではないでしょうか。

東京都のN小学校では、学校だよりに、中南米・中近東・東南アジアからの外国人保護者が抱いている、日本の学校生活における時間についての戸惑いなどの経験談を掲載しました。またなぜ学校生活の約束が必要なのかも記しました。日本語が読めない保護者には翻訳して知らせる機会も設けました。

(3)「とき」としての間を生かす

音楽を例に、ときとしての間の違いをむしろ生かすことは、実は新たな世界を創り上げていく有用な手立てとなることを紹介します。

大学院時代に学んだS先生の世界の音楽に関する授業は興味深いものでした。この授業では、モンゴルの馬頭琴やホーミー、トルコの回旋舞曲、日本の雅楽、インドネシアのガムランなどのさまざまな世界の民族音楽を鑑賞させてくれました。これらを比較すると間のとり方やリズム感など「とき」としての間が多様であることが感得できました。

多様な音楽の間を活用すると新たな音楽の世界が共創される例を紹介します。洋楽が五線譜に示された正確な音階を重視するのに対し、邦楽の演奏家は、「間」を重視します。音楽における「間」とは二つの音の間の間隔、時間的距離、沈黙の長さです。その長さは、邦楽においては、一定しているのではなく、天候、場などの状況に応じて微妙に変わります。

東京都新宿区のO小学校にタイからきた外国人子女がいました。日本の学校生活になじめず教室にもいられないこともありました。担任の先生はタイの民族文化のよさを知らせる取り組みとして、タイの音楽を活用しました。学校だよりで保護者たちにも知らせ、音楽を専門とするタイの留学生に通訳を依頼し、コンサートを開きました。教室中になり響くタイの音楽、それにあわせて友達と踊った体験は、彼に自信をもたせたようでした。担任は「学校だより」にそのようすを記しました。

20余年前、島根県仁多町の山間部の小さな学校で、海外生活体験のある地元の有志、外国人の方々と地元の子供たちにより、ペルーのケーナ、日本の横笛、オカリナ、インドネシアの打楽器などによる世界の音楽の合奏会が開かれました。

この合奏会は、学校だよりで通知され、多くの人々が参加し、演奏後に盛大な拍手を送っていました。様々な民族楽器の個性が生かされ、間が工夫され、音色が融合された合奏に感動しました。異種混淆の音楽の世界に魅了された私は、演奏した子供に願い、祖父の指導で作った手製の竹笛を譲り受けてきました。その竹笛は、いまも研究室においてあります。

6 学校教育における「多様性」と「間」の問い直し

「異質の共存」を重視し、多様性や「間」を活用すると学校における学びの世界が広がっていきます。その例を紹介しましょう。

(1) 外国人子女のもつ多様性を生かした実践事例

全国各地の高校の先生たちとともに、豪州に教育調査に行ったことがありました。訪問先のタスマニア島の高校には模擬裁判所が設置されており、高校生たちの授業中の論議は活発で感心させられ、学校教育全体で、対話が重視されていることに啓発されました。

東南アジア、アフリカ、東欧からの移民の多い、シドニーの中学校を訪問したときのことです。「みなさんは、将来どんな職業に就きたいですか」と聞くと「弁護士になりたい」「政治家になりたい」「医師になりたい」との答えがかえってきました。

さらになぜその職業に就きたいのかを問うと、「母国では 13～15 歳で親の命令で少女が結婚させられる。この習慣をやめさせたい」「12～13 歳の子までが農園で児童労働をしている。国を豊かにして、少年・少女が働かなくてもよいようにしたい」「医者にかかれず、死んでいく人々がたくさんいた、こうした人々を救いたい」と語ってくれました。

帰国後、富山県の中学校で出前授業をしたおり、このシドニーの中学校で出会った子たちの発言を題材に日本の中学生たちに語り合ってもらいました。当初は、とまどっていた中学生たちは、やがて世界の現実を知る大切さを語り、人生を生きることの意味に言及していきました。「日本にも厳しい現実があったのではないでしょうか」とのある生徒の発言を契機に、世界と日本の児童のおかれた厳しい現実を協力して調査することが決まりました。

この学校にはブラジルからの外国人子女が多数います。彼らが語る、コーヒー農園での労働、サンパウロやリオデジャネイロのファベイラ（貧民街）の子供たちの姿は、現実味をもって論議を深める機会となりました。

その後、中学生たちの調査結果は、レポート集にまとめられました。さらにブラジルからの外国人子女の保護者と中学生たちが語り合う機会にも発展しました。外国人子女の存在が、視野を広げ、思考を深める契機となったのです。

東京都港区の H 小学校の国際教育研究に参加していたことがありまし

た。同校には 10 ケ国以上の外国人子女が学んでいます。

この学校の国際理解教育の特色に給食があります。調理師さんたちの努力で、在籍している子供たちの母国の料理が順番に給食で供されるのです。例えば、ボルシチ、ビビンバ、パエリアといった具合です。この給食の日には、その国から来た子はスターです。自分の国の様子について語り、質問を受けます。

給食の予定表が毎月配布されますが、日本語だけでなく英語版が配布されます。外国人子女の在籍を生かした、世界の食文化の多様性を感得させ、同校に通学する子供たちの国際感覚の育成がなされていたのです。

(2) 外国人子女がもたらす「間」の問い直し

外国人子女がもたらす人と人との関わりで生まれる、異質との共生の「間」について考えていきましょう。外国人子女がもたらす「間」の効用、その第一は、立体的視野をもたらすことです。外国人子女は世界各国・地域から日本に来ています。外国人子女の母国の位置、その国々と日本との関係を調べることにより、世界各地へ視野が広がっていきます。

日本の学校で給食を粗末に扱うことは、飢餓に苦しむ人々につながる行為です。日本のエネルギー政策は地球の温暖化、世界の人々の暮らしとつながっており、また、歴史的な関係を調査すると、外国人子女の母国から日本人が多くのことを学んできたことが分かってくるかもしれません。

世界の各地は関連し合っているし、現在の事象は、過去と未来とつながっています。外国人子女の存在は、世界との水平的なつながり、歴史との垂直的な関わり、つまり立体的な間（空間）を認識させ、見方・考え方を広げ、深める機会となります。

第二は、異質な他者とのかかわり方の習得です。世界は日本人と思惟方式や行動様式、価値観の異なる人々であふれています。自分とは文化的背景の違う人々とも、完全な相互理解はできなくても、相手との「間」に深い溝があっても、なんとか共通の課題の解決に向かって協働することはできます。このためには、異質な他者との関わり方の習得が大切です。

私は、長年、海外での日本人子女の教育に関わってきました。海外で学ぶ子供たちの教育の支援活動をしている海外子女教育振興財団からの依頼で、海外の学校で学んできた日本人の高校生たちと座談会をしたことがありました。すると、生徒たちが、臆せず自分の意見を語る、時間の感覚や対人距離の違いに気づく、対立や異見を生かす、論議を深めるための批判的思考をする、自分と異なる感覚や価値観を拒否せず、むしろ興味を持つなどの、多様な他者とのかかわり方を習得していることがわかりました。外国人子女が学校にいてくれることは、日常の学校生活の中で、異質な他者との共創的なかかわり方を習得する機会を得ていることになるのです。

第三は、推察・想像力の大切さの感得です。筆者は、豊かな人間性の基盤は「感じる心」と実感しています。これまで、世界各地を旅し、現地の人々と交流してきました。その旅の折節に、現地の人々に親切にされた体験をたくさんしました。ブラジルの海岸部の旅では、メイドさんたちが蚊に刺されて泣く小さな娘を気遣い抱き上げ頬ずりしてくれました。韓国釜山での国際会議に参加したときには、韓国の大学の先生は、折々に気配りをしてくれ、狭く急な坂を歩くときには足元を見守り先導してくれました。エベレスト街道では、シェルパの若者が疲れた妻の荷物をそっともってくれました。

外国人子女の存在は、文化や価値観がたとえ異なっても、推察・イメージ力があれば人間同士としての仲間になれることを実感する機会となります。

7 外国人子女・保護者とのコミュニケーション手段としての通信を効果的にするために

ここで本書のテーマである、外国人子女の保護者とのコミュニケーション手段であるプリント類を学校教育に効果的に活用するための留意点について考察します。

現行の多くの学校から発行されるプリントの問題点として次が指摘できるでしょう。

①学校からの一方的な書き言葉による連絡文書である。

②内容が日本の学校生活への適応、同調を基本としている。
③外国人子女が生き生きと活躍した事例や、その成果についての記述がすくない。
④学校教育を支えるさまざまな人々の見解が掲載されない。
⑤単なる伝達文書でなく、学習素材として活用する視点が希薄である。

そこで本節では、上記の問題点の解決に対応した学校からのプリント類に関わる実践事例を紹介します。①から③は本節で説明し、④と⑤については次節で「共に学びを創る」という観点から述べます。

(1) 書き言葉と話し言葉の融合

言葉には、事象を認識し思考すること、伝えたいことを表現・伝達すること、文書にして記録・保存すること、創作活動に見られる虚構の機能があります。表現・伝達のためには、書き言葉と話し言葉の融合が大切です。外国人子女の保護者との伝達手段としてプリント類を有効に活用するためには、伝えたいことを正しく知ってもらうための翻訳が大切です。しかし、翻訳だけでは不十分ではなく、読み手を意識した内容の工夫と、話し合いの導入、つまり話し言葉とつなげる意識をもつことが必要です。

韓国・中国・日本・フィリピン・タイ・ミャンマー・ネパールなどからの外国人子女の在籍割合が6割を超え、外国人子女教育の先進校として知られる新宿区立O小学校でも、20年前までは、外国人子女の保護者の学校への関心が薄かったのです。PTA役員になる人はほとんどおらず、学校行事への参加者も少なかったのです。

そこで、学校では4か国語に翻訳されたPTA新聞を発行するようにしました。その新聞で学校への外国人保護者の参加を呼びかけました。すると役員になる人、また行事への参加者も増えてきたのです。そうなると教員と外国人保護者との交流が増え、やがて、PTA新聞の内容も外国人保護者の意見や要望が掲載されるようになったとのことです。

書き言葉と話し言葉では、同じ言語による伝達でも違いがあります。書くということは、読むということがなくても成り立つ一方的な行為です。他方、話すということは「聞き手」がいなければ成り立たない、双方向の共同作業です。

プリント類により、伝達されたことが、当事者同士が「話し合い」「聞き合い」することの契機となったときコミュニケーションとして有効になっていくのです。

(2) 精神面への配慮の重要性

2000年代初頭、私は前述したO小学校の外国人子女の実践研究に参加しました。畏友YM氏の要請によるものでした。

その際の外国人子女教育についての教育実践を二つ紹介しましょう。

キムチ臭いと日本人の子供に言われ、落ち込んでしまった5年生の韓国人の男の子がいました。外国人教室担当のYM氏は、2か月間にわたり、キムチについて製法や健康への好影響について調べました。そうした調査を経て、この子と協力して実際に外国人教室の活動でキムチを作りました。その後、普通学級でも総合的な学習の時間にキムチ作りをしました。その授業を参観しましたが、「キムチはおいしい」という、友だちの様子をみながらの韓国人の子の得意そうな表情は微笑ましいものでした。

幼少期に日本にきたタイ人の子供がいました。両親はタイ料理店を経営しています。この子は、遅刻してくる、授業中に出歩くなど、自分勝手な行動をするため、学力遅進児と周囲から思われていました。

この子があるとき、「タイには帰りたくない」と言うのです。善元氏は、「自分の根っこがなくなった。何をしてよいか分からない」との思いが、この子の胸中にあるのではないかと思い当たりました。

そこで、学級にいる8か国の外国人子女の子ども達に、自分の母国を調査する活動をさせました。私も調査結果の発表会を聴きにいきましたが、タイ人の子が実に楽しそうに、得意そうに報告していました。自分の居場所を見つけたこの子は、家で両親のレストランの手伝いをし、成人したいまはデザイナーとなっているとのことでした。

YM氏の実践の奥深さは、外国人子女の精神面への配慮です。家庭訪問し、家庭の様子や保護者の考えを知り、子供と語り合い、子供たちの皮相的な言動の奥底に潜む悩みや葛藤、寂寥感を探り出しました。そして、その心の奥底に潜む思いを前向きな意志力に変える活動を企画し実践したのです。

さらにYM氏は、子どもたちの活動のすばらしさを、プリントに記録し、保護者たちに知らせるために意図的に配布しました。やがて担任と保護者との間に、得もいえぬ信頼関係が構築されてきました。プリント類をコミュニケーションの手立てとするためには、翻訳等による伝達、言葉による交流に加えて、さらに外国人子女のおかれている環境や心情を認知し、感得することが必須と思ったことでした。

(3) 通信の内容を工夫する

東京都北区立N小学校には、日本語教室が設置されています。この教室には区内の学校から中国、韓国、バングラデシュ、インド、ネパール、フィリピン、カナダの59名の外国人子女が通っています。

この教室の先生がたは、保護者との相互交流を重視してきました。学校からの連絡事項のみでは、教室だよりを効果的に活用できないと考え、内容を保護者の要望が反映されるように工夫したのです。

この教室には外国人子女の保護者が子供たちを連れてきます。その折の保護者との話し合いを大切にしています。例えば、日常会話はできるようになったけれど、清掃当番、班活動といった学校の用語がわからないと聞くと、教室だよりで学校生活に関わる用語を特集しました。また、給食の時間の動き、チャイム着席、上履き下履きの交換等の学校生活の習慣が分からないとの訴えを聞くと、絵や説明の文章での解説を掲載しました。

さらに中国の春節の料理の写真を掲載し、中国人の保護者に解説文を記してもらうなど、学校からの一方的な連絡でなく、双方向の内容を心がけました。

また、N小学校の展覧会に、展示コーナーを設け、各国の子供たちが色彩豊かな、斬新なデザインの切り絵を出展し、その記事も教室だよりに掲載しました。

こうした双方向を意図した通信の工夫によって、保護者の日本語教室への関心が高まっていったのでした。

外国人子女と共創する学び

外国人子女の存在を生かすとは、利用することではありません。日本人を含めて多様な文化・価値観などを子供たちが、共に学びを創る姿勢をもつことによって、多様な人々の協働が新たな知的世界を拓き、一人一人の人間的成長をもたらしていくのです。そうした事例を紹介します。

(1) 国際感覚を育む

外国人子女が生き生きと活動する学びを創ることは、グローバル時代、多文化社会に対応した人間形成につながっていくのです。

外国人子女が多数在籍する愛知県のT小学校の実践事例を紹介します。この小学校では外国人子女を日本の学校風土に同化させるのではなく、むしろ国際感覚を培うための有用な仲間として活用することも目的に次のような実践をしてきました。もちろん、その折々にプリント類を利用しています。

○幼少時期から多様性の良さを認める意識を身に付けさせる

肌の色の違う人形や、外国人子女の母国の風景、衣食住に関わる写真の掲示、多様な国の伝統文化や学校での生活を「学習材」として活用する世界の多様性を感得させる学びの実施。

○自分の良いところを知る、友達の良いところを発見する

自分の性格の良いところを知る。短所に見えることも、見方にとって長所になることに気づかせる。短冊に書かせ、掲示することにより、友達の見方を広げさせる。

話し合って、グループで仲間の良いところをさまざまな角度から発見させる。

○「みんなちがってみんなよい」をつたえる掲示をつくる

友達と論議しながら、「ドリームマップづくり」、「性格いろいろ」などの掲示物を作成させ、それを「学習素材」として活用し、人間としての共通性と多様性の良さを子供たちに感じ取らせる。

○外国人子女や保護者の活用により、世界の人々が衣食住においてさまざまな工夫をしていることに気づかせ・発見させる。地域に住む国際交流経験の豊かな人々と交流させる。

この小学校の実践の特色は次の四点にあります。

第一は、さまざまな国の外国人子女を生かし、人間理解や文化理解を深める「学習材」を作成し、学びに活用していることです。第二は、外国人子女の保護者や地域の人々を招聘し子供たちの視野を広げていっていることです。第三は対話の活用です。外国人子女が内面にもつ多様性は、対話の活用により、新たな発想やアイディアを発見させ、知的世界を広げ、新たな意味あるものを発掘させます。

第四は、学校から出されるプリント類の学習活動での利用です。外国人子女たちの活動の様子、保護者への協力依頼が書き込まれていました。保護者の意見や感想も掲載され、それをもとに子供たちが論議を深めることもしばしばありました。同校の多様性を活用した実践は、学校から配布されたプリント類での呼び掛けに応えた保護者の支援によって推進されてきたのです。

担当した先生にインタビューすると、「必ずしもスムースにいったのではなく、何回もうまくいかず悩んだが、そのたびに保護者たちとの話し合いを続け、なんとか実践をすすめてきた」と、しみじみと語っていました。

(2) 人間的成長をもたらす学びを創る

東京都世田谷区立M中学校夜間学級をはじめて訪問したのは30余年前のことでした。当時、まだ若かった私は、鑑真和上をテーマに、国際理解教育で優れた実践研究をされていた先生に教えを乞いに行ったのでした。その折に、夜間中学に通う日本人や韓国の人々と語り合い、学校教育の広さと深さを知った思いがしました。10余年前、友人が校長として同校に赴任し、その要請を受け、国際理解教育の研修会に参加するため再度訪問しました。すると夜間学級は、外国人の人々の日本語習得の場となっていました。その後、数度の訪問で、さまざまな外国人の方々と交流し、日本語教育の奥深さに気づかされました。

本稿を記述するにあたり、M 中学校夜間学級の教育について改めて調査しました。すると、同校夜間学級は、日本人と外国人が共に学ぶ、人間成長の教場になっていたのです。同校には、中国・韓国・インド・ベトナムなどの多国籍の生徒、そして様々な事情で中学に行けなかった日本人の生徒が一緒に学んでいました。

夜間学級の教育成果は、卒業直前の口頭意見発表会に集約されます。卒業生たちは、原稿を書き、それを教師や仲間に推敲してもらい、何回も練習を重ね、発表します。同校夜間学級の副校長 YH 先生によると、発表では「なぜ夜間学級に学びに来たのか」「何を学び、身につけたか」「今後どのように生きていこうと思うのか」等が語られるとのことでした。

同校の生徒たちは「多様な文化的背景を持つ人々、外国人と日本人が分け隔てなく助け合い、学び合い、行事をともに企画・運営してきました。もちろん対立や意見の違いはありました。しかし話し合い、妥協点をみつけ、共通の目的に向かい協働することを継続してきました。その日々の中で、文化的背景の違いを超えて、人間同士としての仲間意識が育まれてきました。」と YH 先生は語っています。

夜間学級の生徒たちは、近隣の中学校にゲストティーチャーとして招かれます。外国人の生徒たちが語る「何のために学ぶのか」「いかにして困難を乗り越えたのか」「多様な人々が身近にいてくれる良さ」「将来をどう生きるか」等の話を日本の中学生たちは真剣に聞いているとのことでした。

夜間学級に通う外国人の生徒は、厳しい日常生活を過ごしつつ、通学しているに違いありません。日本人の生徒も、さまざまな心身の辛さをなんとか克服し、学びの世界にむかっていると推察します。こうした厳しさを共有するからこそ、他者の思いを推察し、人間同士としての共感をもたらしているのではないかと思いました。

このM 中学校夜間学級の生徒たちに、外国人子女教育の基層に置くべき思想を教示された思いがしました。

9 おわりに

この章のおわりに、コミュニケーションの手立てとしてのプリント類の発行の大きな意味について記します。

松江市に住むCさんは、長年、外国人のお母さん方、とくに妊婦さんの支援をしてきました。彼女が南米のアソンシオンで次男を出産したとき、現地の人々が親身にお世話してくれたことへの恩返しの気持ちからでした。得意の語学を生かし、不安を抱えて日本で出産する外国人の妊婦さんたちの通院に同行し、相談に乗り、必要な品を整えるなどの援助をしてきました。

そのCさんは、多くの外国人が日本の地方都市で生活するときの問題点と解決策を以下に語ってくれました。

「外国人住民が不利を被る原因は情報が伝わらないことです。郵便受けには多数の文書が届きますが、外国人にはどれが大切か分かりません。外国人の家庭への行政の文書は、特定の色の封筒にする、また差出人欄に英語、中国語、韓国語の言語で〈市役所〉の文字を入れるなどの小さな工夫が必要です。この国の常識は、ある国の非常識ということが多々あります。異文化を互いに理解し合うための草の根的なイベントの機会を根気強く行うことも必要です。」と。

さらに「外国人の妊婦の方は不安でいっぱいなのです。病院スタッフが外国人妊婦の疑問について納得いくまで、話し合ってくれると安心します。また、外国人妊婦の方にも、病院で必要な日本語を覚えておくことが大切だと助言し、参考資料も渡したりしています。こうした支援をしていると、出産後に、一緒に喜び合うことができ、親和感が深まっていきます。その親和感は帰国されたのちも続いています」とも語っていました。

Cさんの指摘は、学校における外国人子女の教育にも通ずると思います。学校からのプリントの発行には、相手の立場を思いやる想像・イメージ力こそ大事なのです。どうしたら的確に伝わるか読み手の立場にたって工夫する必要があります。また、一方的な情報の提供にとどまらず、保護者の意見や思い、要望を取り入れることによって、単なる連絡文書から、子供たちを育てる共創者としての意識が醸成される「心の交流の機会」になるのではないでしょうか。

長い教員生活の中で、海外そして日本各地の学校を訪問し、先生方と語り合い、多くの教え子たちと心に残る思い出を共有してきました。その多様な出会いの中で、人と人、命と命は共感しながら存在している、響き合ってこそ、未来は希望あるものになると確信しました。

多様な文化や人々との出会いを意味あるものにする「異との共生」は新たな時代の日本の学校教育の基調に置くべき理念です。この理念を具現化し、新たな時代の人間形成をすすめていくために外国人子女・保護者は得難い存在なのです。

まとめ

◉未来志向の学校教育の課題の解決には、帰国子女の活用が有用である。

◉外国人子女の教育には学校と保護者との連携が必要であり、学校からのプリントは単なる情報の伝たちにとどまらず、子供たちを育てる共創者としての意識が醸成される「心の交流の機会」となることが望まれる。

参考文献

天城勲(1997)『学習・秘められた宝―ユネスコ「21世紀教育国際委員会」報告書』ぎょうせい

エドワード・ホール(著)(1993)『文化を超えて』 岩田慶治・谷泰(訳)、TBSブリタニカ

加藤周一(2007)『日本文化における時間と空間』岩波書店

木村元(編)(2020)『境界線の学校史―戦後日本の学校化社会の周縁と周辺―』東京大学出版会

佐藤学・諏訪哲郎・木曽功・多田孝志(編著)(2015)『持続可能な社会のための教育』教育出版

諏訪哲郎・多田孝志(編著)(2020)『学校発3.0×SDGs 時代を生き抜く教育への挑戦』キーステージ21

多田孝志(2017)『グローバル時代の対話型授業の研究』東信堂

多田孝志(2018)『対話型授業の理論と実践』教育出版

中井正一(著)長田弘(編)(2019)『中井正一評論集』岩波書店

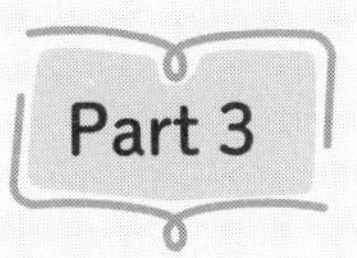

外国人保護者を支援する視点から

学校プリントを読む支援をする前に知っておくこと

本田弘之（北陸先端科学技術大学院大学）

この章では、長い間、外国人へ日本語の読解指導をしてきた筆者の経験から、外国人の保護者へ学校プリントを読み解くための日本語支援をする時の注意点をできるだけ具体的に説明していきたいと思います。

学校プリントの読解支援の時に気をつけなければならないことと、普通の日本語学習支援の異なっているところは、大きく２つあると思います。それは「日本の学校文化」を「翻訳」して伝えなければならないことと、「世界の他の言語にはない特異な日本語表記法」を理解してもらわなければならないことです。このうち前者については、この本の色々な箇所で触れられていますので、この章では後者について詳しく説明したいと思います。それは「当たり前」のことなのですが、日本語を母語とする支援者には、十分理解されていないことだからです。

 学校プリントの読解支援

多くの人にとって、外国語を学ぶことが「難しいこと」であることはいうまでもありません。しかし、外国語を２つ以上勉強したことがある人なら、言語によって「難しいところ」が同じではないことに気づいたのではないかと思います。たとえば、筆者はポーランド語やベトナム語を学ぼうとしたことがありますが、どちらも早々とあきらめてしまいました。でも、あきらめた理由は、それぞれ違いました。ポーランド語は、名詞・形容詞の格変化と動詞の活用が複雑すぎて、覚えきれないと感じたからでした。ベトナム語のほうは、発音と声調を聞きわけることがすごく難しくて、あきらめてしまいました。

外国語を学習する時には、身につけなければならないことが、3つあります。ここで「身につける」ということばを使ったのは、「知識」として理解するだけではなく、考えずに使えるようにしなければならないことということ意味です。その3つとは「発音」と「文法」と「語彙」です。

筆者の感覚では、この3つが同じぐらい「難しい」言語というのは、ないような気がします。先にあげた筆者の例でいうと、ポーランド語は「文法」が難しくて、ベトナム語は「発音」が難しかったわけです。では、日本語では、どれが難しいでしょうか。

「発音」から考えてみましょう。日本語の発音は、母音が5つ、子音が14ぐらいです。これは、世界の言語の中でも、かなり少ない方です。音節（シラブル）の終わりも「ん」をのぞけば、必ず母音か半母音で終わります（開音節といいます）。英語と違って子音が2つ以上並ぶことがないので音の並べ方も単純です。ベトナム語や中国語のような音の高さで意味が変わる声調もありません。だから、日本語は、発音に関して「難しい言語」だということはできないと思います。

「文法」に関しても「難しくない」といっていいと思います。というのは、どんな外国語を学ぶ時にも初学者を悩ませる動詞の活用が2タイプの規則活用（グループⅠ、Ⅱ）と2つの不規則活用（する、来る）しかなく、活用形（マス形、テ形、辞書形など）も数え方によって多少の違いがありますが、6〜8種類程度しかありません。しかも、テンス、アスペクトなどの区別は、活用形の後に同じ形（〜ている、〜てしまう、〜たばかり…）で接続すればよいので、個々の動詞にわけて記憶する必要はありません。これは、日本語の習得をとてもやさしくしているといっていいと思います。これらの文法項目は、現在、ほとんどの日本語教科書が採用しているやり方、つまり「文型」として一括して暗記することができるからです。

もちろん、日本語の文法項目の中にも、自他動詞の区別や「やりもらい」（授受動詞）のような難しい事項もあります。しかし、総体的にいって、日本語は、文法に関しても「そんなに難しくない言語」といっていいと思います。

文法というと、日本語は敬語が難しいのではないか、とおっしゃる方がいるかもしれません。しかし、敬語専用の動詞（いらっしゃる、めしあがる、など）は、ほかの動詞と同じ規則活用なので、習得そのものは難しくありません。また、それ以外の動詞に使われる「〜れる・られる」は活用形として、「お〜になる」は文型として、一括しておぼえることができます。

このように敬語の難しさは文法的な規則ではなく、「ウチとソト」のような考え方や使う場面による難しさにあるのではないでしょうか。これは「日本語の難しさ」というよりは「（異）文化理解の難しさ」に属するものです。日本語母語話者でも、就職活動を始める前など、学校から社会に出る時になって、あらためて「敬語の使い方」を勉強しなければならないのはそのためです。

語彙に関しては「和語、漢語、外来語」の使いわけがあるところや、そのために日常的に使われている語彙がほかの言語よりやや多いところが多少難しいといえるかもしれません。ただ、英語にも、和語にあたるゲルマン語系の単語とフランス語系の外来語が混在し「覚えきれないほどの単語がある」といわれています。日本語は、多少語彙が多いかもしれませんが、非常に多いというほどではないと思います。学習者にとっては、特に易しくも難しくもない、といったところではないでしょうか。

という訳で、日本語は、発音、文法、語彙のどれをとってみても、それほど難しくない言語なのです。ところが、それ以外のところに一つ、とんでもない難しさがあります。しかも、その難しさは、ほかの言語には、まったくない種類の難しさです。

それは、表記法（書記法）の難しさです。上に「日本語はそれほど難しくない」と述べましたが、それは「聞く・話す」時です。「読む・書く」ことについて、日本語は「難しい言語」なのです。それも、日本語の表記法の難しさは、単に「難しい」という程度ではなく、人類の言語史の中でも「超絶クラスの難しさ」なのです。

学校プリントを読解するためには、この日本語の一番難しいところに正面から挑戦しなければなりません。プリントの読解という作業は、音声的な補助（聞く・話す）が期待できず、「読む」というスキルだけを使って、その目的を達成しなければならないからです。

 外国人の保護者には２種類いる

学校プリントの読解支援をする時、もう一点、支援者に理解してほしいことは、外国人保護者を２つにわけて考える必要がある、ということです。

日本人の手によって組織的な日本語教育が始められたのは、19世紀末ごろからですが、それから21世紀が始まるころまでの長い期間、日本語学習者の80〜90％は、中国語か朝鮮・韓国語を母語とする人たちでしめられてきました。

中国語は、いうまでもありませんが、現在はまったく漢字を使っていない朝鮮語も少し前までは漢字を使っていました。そこで、日本語教育では、これらの地域の学習者を「漢字圏出身者」と呼んできました。

日本語の文字表記の難しさのうち、かなりの部分が漢字の使用と関わっています。だから、漢字が理解できれば、その難しさが非常に軽減されます。

漢字圏出身者は、漢字そのものをおぼえる必要がありません。漢字の意味や形がわかっている、というだけではなく、漢字とはどのようなものか、どのように使われるか、ということを熟知していることが重要なのです。

じつは、日本人が中国語を学ぶ時も同じことがおきます。たとえば「電報」や「電話」という語は、日本人がつくった語ですが、漢字圏の人には、一見して容易に理解できるので、そのまま中国語にもなりました。そして、中国語では「電報」「電話」から「電視」（テレビ）や「電脳」（コンピュータ）という語が作られていきました。「電視」も「電脳」も日本語では使われていませんが、日本人が中国語を学ぶ時、この語はすぐに理解でき、おぼえることができます。これとまったく同じことが、漢字圏出身者の日本語習得についてもいえるのです。

これまで、日本語教育の現場で文字習得の難しさが、あまり強調されることはありませんでした。それは、このように文字習得にほとんど苦労しない漢字圏出身者が、学習者のほとんどを占めてきたという歴史的な背景があるのです。

ところが、学校プリントの読解支援については、それがあてはまりません。なぜなら、非漢字圏出身の外国人保護者のほうが多いのです。

「外国人保護者」の出身地や母語についての調査はないようなので、こどもたちの母語をみてみましょう。「日本語指導が必要な児童生徒の受入状況等に関する調査（平成30年度）」[1]によると、日本語指導が必要な児童生徒の母語は、表1の通りです。

表1　日本語指導が必要な外国籍児童生徒の数上位5言語

母語	合計	小学校	中学校
ポルトガル語	10,404（25.5%）	7,257（27.6%）	2,594（25.5%）
中国語	9,712（23.5%）	5,775（21.9%）	2,652（25.8%）
フィリピノ語	7,919（19.4%）	4,709（17.9%）	2,046（19.9%）
スペイン語	3,788（ 9.3%）	2,592（ 9.8%）	915（ 8.9%）
ベトナム語	1,845（ 4.5%）	1,305（ 5.0%）	439（ 4.3%）

文部科学省の調査に基づいて筆者作成
（平成30年5月1日現在　合計は小中学校のほかに高校と支援学校などを含んだ数）

この表を一見してわかる通り、小中学校における日本語学習者の比率は、日本語学校などとは大きく異なっています。中国語を母語とする児童生徒は1/4以下しかいないのです。外国籍の児童生徒の母語と保護者の母語が違う、ということはあまり考えられないので、この比率は、保護者にもそのまま当てはまると思われます。

つまり、学校プリントの読解支援では、これまでの日本語教育ではあまり大きくとりあげてこなかった日本語の表記（書記法）を習得するよう、指導しなければなりません。そこで、その難しさに直面する保護者が多い

1　「日本語指導が必要な児童生徒の受入状況等に関する調査（平成30年度）」の結果について（文部科学省総合教育政策局） https://www.mext.go.jp/content/20200110_mxt-kyousei01-1421569_00001_02.pdf（2023年2月17日閲覧）

だけではなく、その難しさが支援者に十分に理解されていないために、学習者は習得に悩み、支援者は指導法に悩む、という負の連鎖が発生していることが考えられるのです。

なお、これまで筆者に文字（漢字）習得・指導の悩みをもっとも多く話してくださったのは、中学校、高等学校で日本語教育に当たっている先生や支援員の方でした。日本では漢字教育の方法論と経験が小学校に集中しています。しかし、それ以上の年齢の学習者に対する指導法は、ほとんど確立されていないのです。それが、中学、高校の先生方のお話をきいてよくわかりました。

3 日本語の表記法の難しさ

さて、ここまで、日本語の表記法の難しさ、と何度も述べてきました。しかし、実は、ほとんどの日本語母語話者が、それを実感していないのではないかと思います。ここから、日本語の表記法の「超絶クラスの難しさ」とは、どのようなものかをまとめ、その指導法を考えていきましょう。

① 3種類の文字（平仮名、片仮名、漢字）を使って書く
② その内2種類は表音（表音節）文字＝平仮名、片仮名で、1種類は表意（表語）文字＝漢字というまったく性質の異なる字を混ぜて書く
③ 文字種の使いわけは、基本的に語種（和語、漢語、外来語）によるが、文の目的や書き手によって微妙に異なる
④ 仮名は48字×2種、漢字は1000～2000字ぐらいおぼえなければならない
⑤ 漢字の中には形がとても複雑なものがある
⑥ 漢字は読み方が一通りではない（音読み、訓読み）
⑦ 訓読みは字形と発音にまったく規則性がないので、すべて暗記する必要がある

このように箇条書きにしてみると、日本語を「読むこと」の難しさがよくわかるはずです。外国語の習得を何度も断念してきた筆者だったら、この７つの文を読み終わるとすぐに日本語の学習もあきらめてしまっただろうと思います。

日本人は、小学校に入る前から、このような複雑な表記法に慣らされ、さらに小学校で長い時間をかけて教えられてきたので何も感じませんが、このように多種類の表音文字と表意文字を混ぜて書く、という書き方は、人類史上、ほとんど空前絶後といってよい特殊な表記法なのです。

人類の歴史をさかのぼると、エジプトのヒエログリフやヒッタイトの楔形文字、マヤ文字など一種類の文字を表音・表意に使いわけていた先例がない訳ではありません。それはそれで、読むのが難しかっただろうと思いますが、日本語のように異なった表音文字と表意文字を併用するケースは人類史上、きわめて珍しいといってよいようです。

筆者は 1980 年代に韓国を訪れた際、ソウル市内で「漢字ハングル混じり」の看板をいくつか実見したことがあるのですが、その数年後に再訪した時には、すべてハングルだけの看板になっていました。調べてみると「漢字ハングル混じり」表記は、日本統治時代に（非公式に）ある程度普及したようですが、大韓民国になるとすぐ「ハングル専用法」ができて、漢字の教育が行われなくなり、ハングル専用になったということです。韓国語は日本語と統語構造（文法）がよく似た言語であるにもかかわらず、韓国語では、異質な二種類の文字を混ぜて使う表記法が採用されなかったのです。また、ベトナム語にも多くの漢字語彙が使われていますが、フランス統治下にローマ字表記が普及し、独立後、漢字が公式に廃止されました。つまり、漢字圏でも日本語だけが例外的な表記法を続けているわけです。

このように、日本語が人類史上空前絶後の特殊な表記法を使っていることは、日本語の読み書きを支援する時にいつも頭の片隅においておかなければなりません。

何度も書きますが、毎日、学校プリントや学校からのメールのお知らせを読まなければならない非漢字圏出身の保護者は、日本語習得の最も難しいところに挑戦しなければならないのです。

 「非漢字圏出身」の保護者の学校プリント読解を支援する

それでは、非漢字圏出身の保護者の学校プリント読解を支援する方法を考えていきましょう。第一にやらなければならないことは、日本語の「文字」を「絵」や「記号」ではなく「文字」として見られるようになることです。

漢字圏出身者は、初めのうち、文の漢字だけを読んで、仮名の部分が読めていない人がかなりいます。仮名の部分が文字として見えていないのです。

同じように非漢字圏出身者は、平仮名・片仮名・漢字のすべてが「文字」として認識できていないことが多いのです。元々、ローマ字やアラビア文字などと比べて漢字はかなり「絵」的な印象を与えます。そこに、さらに平仮名、片仮名を混ぜて使うと、その構成法をしらない人にとっては、文全体が「絵」に見えてしまうのです。

念のためにいっておくと、これは、その人の日本語の聴解力や会話力とはまったく関係ありません。日常会話がとても上手にできる人は、読むこともできそうに思ってしまうのですが、聞くことができても読めるようにはなりません。日本語を母語とするこどもは、小学校入学前に会話は上手にできるようになっていますが、読むことと書くことは、小学校で時間をかけて習わなければ、できるようにならないのと同じことです。

(1)「異なった文字の混用」について教える

では、日本語の文を「絵」でなく「文字」として見えるようにする練習方法を考えていきましょう。まず「異なった文字を混用する」という表記法を理解してもらうことから始めます。

日本語を勉強しはじめた人には、日本語母語話者が小学校でまず「かな」の書き方を学ぶのと同様に、かなの書き方を確実におぼえてもらうことから始めなければなりません。

この時重要なことは、平仮名と片仮名をしっかりと「手で書ける」ようにすることだと思います。様々な機会に日本語教育の教師、関係者に聞いてみたのですが、日本国内の日本語教育機関では、十分な時間をとって「仮名の書き方」を教えているところはあまり多くないのです。反対に日本語母語話者は、小学校1年生の1学期（3か月半）をすべて使って、平仮名と片仮名の書き方を練習します。

ここから考えると、仮名の書き方をしっかり学習していないことが、特に非漢字圏出身者に多い文字語彙習得の最初の「つまづき」になっているのではないかと思われます。なぜなら、漢字圏出身者は、仮名が十分に読めていなくても、漢字をうまく使うことよって、なんとなく語彙習得ができてしまうこともあるのですが、非漢字圏出身者は、まず、かなが読めないと、そこから一歩も進めなくなってしまうのです。

日常生活の中で「書く」ということが、ほとんどスマートフォンやPCでおこなわれるようになった現在、平仮名も片仮名も見てわかれば十分という考え方があります。日本語が、仮名だけで表記されているのなら、それでもいいのかもしれませんが、そうではありません。

というのは、仮名のストローク（鉛筆などの動かし方）と書き順は、漢字の書き方と書き順に直接つながっているからです。特に片仮名は、漢字の一部分をとったものなので、片仮名を自分の手で正しく書ける、ということは、漢字を習得するために絶対に必要な準備になるのです。

また、文をすべて仮名で正しく（特に特殊拍や拗音に注意して）書けるようになるということも重要なことです。これはスマートフォンやPCで文を書く（打つ）場合、正しい仮名表記が書け（打て）ないと、目的の漢字が候補に上がらず、変換できなかったり誤変換してしまったりする原因になるからです。

すでに述べた通り日本の小学校では、1年生の最初の3か月半を使って、仮名の書き方を教えています。仮名の形を見てわかるだけではなく、正しい書き方（ストローク・筆画）と書き順を徹底的にマスターするためです。同じように考えると、外国人の学習者も最初に正確な「書き方」をマスターしておく必要があるのです。

そして、平仮名と片仮名の使いわけや表記法の違いにも注意を向けることが必要です。平仮名と片仮名では、長音の表記法が違っています。これは、日本語母語話者でも、ちょっと混乱することがありますが、学習者にとっては、かなり難しいことです。特に「平仮名」の長音の表記が正確にできないと、前に書いた通りスマホでも文章が入力できません。

さらに、片仮名で表記する外来語には、和語では使わない「ティ」「チュ」など小文字の「ァィゥェォ」「ャュョ」を使う音節があります。自分の名前や出身地の地名にそのような音節がある学習者も少なくありません。また、日本でくらしていると、自分の母語を片仮名で表記する機会がかなり多いので、片仮名表記についても時間をとって教えることが大事です。

(2)「漢字を使用する難しさ」を乗り越える

続いて「漢字の難しさ」を乗り越える指導法について考えていきましょう。スマートフォンやPCの時代になっても自分の手で仮名が書けるように教えるべきだ、と書きました。それは、漢字についても同じことがいえます。

スマートフォンやPCで漢字を書く場合、仮名で書いて変換（ローマ字入力の場合は、ローマ字→仮名→漢字）することになります。変換の候補が表示されるので、その中から漢字を選べばいいのですが、その時日本語母語話者（と中国語話者）は、漢字の形を一瞬で判別して正しい漢字を選択することができます。なぜ、このようなことができるか考えてみたことがありますか。

日本の小学校では（中国の小学校でも）、漢字を教え始める時に部首と画数に注意を向けておぼえるように、かなり徹底して指導しています。ですから、日本や中国で初等教育を受けた人は、口頭でも電話でも、偏や旁などの名前をいって、どの漢字を使うのか伝えることができます。

日本の小学校では1年生で80字、2年生で160字の漢字を学びます。それらの漢字は、必ずしも、よく使う漢字が選ばれているのではありません。たとえば「竹」は1年生で、「弓」は2年生で勉強します。現在の生活で「竹」という字を使うことは、あまり多くありません。七夕の時ぐらいでしょうか。「弓」にいたっては、ほとんど使わない、といってもいいでしょう。しかし、「竹」は「筆箱」「算数」「笑う」「第○位」など、日常的に多く使われる漢字のパーツになっているのです。「弓」も「弟」「強い」「弱い」などに使われています。

このように、日本の小学生は、よく使われる漢字のパーツに使われているような漢字から学んでいきます。日常的に使わない字からおぼえていくのは、あまり効率的ではないように思われますが、おぼえていく漢字の数が増えるにつれて、それが生きてくるのです。そして、このような学習によって、漢字を「文字」として認識できるようになっていくのです。

つまり「文字」として漢字を認識できるのは、漢字の構成（偏と旁、冠と足など）に習熟しているため、違っているパーツ（「部首」に代表される漢字を構成する部品）だけを抽出してみることができるからなのです。よく似た形の漢字を一瞬のうちに選択することができるのは、このような訓練（教育）を受けてきたからなのです。

このように学ばない限り、漢字を「画像・イメージ」としてしか理解できません。漢字をはじめてみる人は、記憶するときも「絵」として全体のパターンを覚えようとします。この方法だと特定の漢字（よく目にする「日本」など）だけは、なんとかおぼえられるのですが、漢字の数が増えていくと、区別が急激に難しくなってしまいます。

このように、漢字をパーツの組み合わせとして認識できるようになるためには、基礎的な漢字、つまり、ほかの漢字のパーツとして使われるような漢字を、自分の手で書いてみる、書けるようになる、ということが重要であると思います。

なお、日本では小学校１年生から国語の中に「書写」（習字、書道）の時間を設けています。書写の授業では、自然にストローク（筆画）や書き順に強い注意がむけられるので、できることなら、初級レベルの日本語の授業でも導入するとよいと思います。筆を使って文字を書く授業をすると、学校に通っている自分のこどもと同じ体験をすることができるので、喜んでくれる人が多いです。

このように、文字を手で「書く」ことをしっかり教えることができれば、それ以降は、わからない漢字があったら、画数や部首を手掛かりにスマホやPCの手書き入力や漢字学習サイトなどを使って検索することができるようになってくる人が多くなります。そのレベルに達すると、日本語教室で、支援者と学校プリントを読む練習も進みます。そして、毎日こどもが持って帰る学校プリントをなんとか自律的に読み解くことができるようになっていくでしょう。また、スマホを使って、漢字仮名交じり文が書くこともできるだろうと思います。

では、手で文字を書く練習のゴールはどのあたりになるでしょうか。

小学校の教育漢字配当表を見ると、1・2年生の漢字は、まだ、ほかの漢字の一部となる基礎的な漢字が多いのですが、3年生になるとパーツ（部首）で構成された漢字が増えます。このレベルまでの漢字が理解できていれば、自分で漢字を調べることができるようになるのではないかと思われます。字数でいうと440字（1年生80字・2年生160字・3年生200字）です。

筆者の詳細な検討によれば、漢字の構造や構成法を理解するためには、100字前後が書けるようになる（書き方をマスターする）ことが必要です。そして、200字程度をおぼえると漢字の主だったパーツが記憶でき、新出漢字を自分で調べることができるようになります。ただし、漢字の理解力には、かなり大きな個人差があります。そのため、100字～200字の習得にどのぐらいの時間を要するかは一概にいえません。

5 今後の課題として―機械翻訳の活用―

今まで述べてきたのは、日本語教育の立場から「学校プリント読解」をどのように支援、指導していくか、という話でした。しかし、最後に従来の日本語教育とは、少し違った角度から、外国人保護者へのプリント読解支援ができるのではないか、また、その方法を考えなければならないのではないか、という話をしておきたいと思います。それは、機械翻訳を使った読解支援です。

いうまでもなく、機械翻訳というのは、PCやスマホを使って、日本語を他の言語に翻訳することです。外国人観光客を念頭においたポケット翻訳機が何種類も市販されていますので、それをイメージする方も多いかもしれません。しかし、専用の翻訳機を買わなくても、スマホにダウンロードして使えるアプリや、PCを使って翻訳できるWebサイトがいくつかあります。しかも、そのほとんどが無料で使えます（無料の場合、文章の長さに制約があるものもあります）。

また、ポケット翻訳機の多くは、音声言語の翻訳を主な目的としています。つまり外国語と日本語の会話の翻訳です。しかし、PCのWeb翻訳は、文字で書かれた文章を翻訳することが主な目的になっています。これを学校プリントの読解支援に使うことができるのではないでしょうか。

これまで、日本語教育では、機械翻訳を積極的に学習に取りいれることがありませんでした。まだ、そのような機運が生まれていない、というよりは、日本語教育として機械翻訳をどのように考えればいいのかわからない、というとまどいの状態にあるように思われます。あるいは、機械翻訳を日本語教育の一環として取りいれようという考えそのものが、ほとんどの関係者の頭の中にまったくない、といったほうがいいのかもしれません。

実際のところ、機械翻訳が出てきた当初は、実用にならないようなレベルのものでした。初期の機械翻訳は、ソフトとして市販されました。しかも、どれもかなり高額のものでした。そして、当時の機械翻訳は、翻訳の規則（文法書にあたるもの）と辞書をまとめたCDとして市販され、そのプログラムとデータをすべてPCにインストールして使うシステムでした。しかし、使ってみると単語、単文のレベルでは、なんとか使えましたが、文章はおろか複文になると意味不明の翻訳が返ってくるようなものでした。

機械翻訳で「もどし翻訳」（ほかの言語に訳した文章をもう一度元の言語に翻訳する）をしてみると翻訳の実用性が確認できるのですが、初期の機械翻訳ソフトは、元の文章がまったく想像できなくなるほど異なった文章が返ってくることが珍しくなかったのです。

ところが、クラウド（インターネット上）に置かれた翻訳アルゴリズムと膨大なビッグデータを使うシステムが開発され、状況が変化してきました。特に2010年代後半になってAIによるディープラーニングが使われるようになってからの機械翻訳の進歩は驚くべきものです。ほとんどドラえもんの「ほんやくこんにゃく」のような精度で翻訳ができるシステムが出現するのも時間の問題ではないかと思われます。すでに現時点でも、もどし翻訳をすると元の翻訳よりもわかり易い（意味が明確な）文が返ってきたりすることがあるほどの進歩です。このレベルになると学校プリント読解支援にも機械翻訳を使うことができるはずです。

その可能性を試すため、筆者はいくつかの機械翻訳を試しました。個人的な見解ですが、機械翻訳を学校プリント読解支援に使うにあたって、問題となること、注意すべきことは次のような事項であると感じています。

(1) レイアウトに凝って枠や罫線を多用した「学年だより」は、スマホ、タブレットのカメラを使って読みとるのが困難です。

最近は、多くの学校で「学年だより」をホームページに掲載したり、SNSに添付して流すようになりましたが、その場合、元のプリント原稿をそのままPDF化して流すことが多いようです。その場合も一つ一つの記事を分離してコピーペーストすることが難しく、機械翻訳に入れることができません。外国人の保護者のためにプレーンなテキストデータで、一つ一つの記事に通し番号をふってホームページに掲載してもらうよう、学校に働きかけることが必要だと感じます。原稿からテキストデータを作成することは、それほどの手間を必要としないはずです。

(2) 低学年のプリントに数多く見られる下記の例のような表現は、機械翻訳が苦手とする表現です。また、外国人の保護者もとまどうと思います。教科書に使われている表現をそのまま使っているものもありますが、できれば具体的な説明を書き添えてほしいところです。

（図工）　ぺったんコロコロ　いっしょにおさんぽ　すきまちゃんのすきなすきま
ちょきちょきかざり　ひらひらゆれて　おってたてたら
（持ち物）３点セット　ふしれ　ふでばこ　したじき　れんらくちょう　絵本バック　さんすうぼっくす　秋の宝箱　食育チャレンジシート
（行事）　たてわりハッピーデー　家庭学習親子ふれあい週間
あきみつけえんそく　ズックもちかえり
（運動会）個走「ゴールめざしてレッツゴー」
団体演技・競技「わくわく森のチッコリ玉入れ」（ダンス、玉入れ）

上にあげた２つの問題点、改善点は、学校プリントを作る人たち、つまり学校と先生に意識を持っていただかなければ、解決しません。しかし、それは可能なのではないかと思います。なぜなら、それほど大きな手間や時間が必要なことではないからです。

現在、外国人集住地域の多くの自治体がやっているように、学校プリントの内容を保護者の母語（外国語）に翻訳して伝達する、といった作業をすると、そのために大きな労力（あるいは専門の人材）が必要になります。しかし、学校プリントのレイアウトを考える前に、記事をテキストデータのまま、学校のホームページに載せることは、簡単に作業できると思います。

話は学校プリントの読解支援だけにとどまりません。現在、日々、大きく進歩している機械翻訳は、日本で暮らす外国人の日常生活の日本語支援に様々に活用できる技術だと思います。しかし、それをどのように使うか、あるいは、その使い方をどのように日本語支援に取りいれていくか、ということについては、いまのところ、日本語教育の専門家の回答が期待できません。そして、そのような専門家の無関心もあって、機械翻訳を使いやすくするための細かな工夫、たとえば、学校プリントをテキストデータとして学校のホームページに掲載する、といった工夫もまったくおこなわれていません。

おそらく、地域の日本語支援事業への機械翻訳の活用は、実際に支援にあたっている支援グループの方々によって開発されていく領域であるような気がしてなりません。この本の読者である多くの支援者の方が、ぜひ、それを考案し、広く発信していただきたい、というお願いをしてこの章を終わりたいと思います。

※本章に関連して筆者による2つの練習ノートをご紹介いたします。支援にあたる方が参考にしていただければ幸いです。

『すぐ書ける！　きれいに書ける！　ひらがな・カタカナ練習ノート』2014年　アルク

『かんたんルールとパーツでおぼえる　きほんの漢字99』2020年　アルク

まとめ

◉日本語の表記法（書き方）は人類史上、類を見ないほど特殊で難しいことを忘れないように。

◉漢字圏出身の学習者にくらべて、非漢字圏出身者は「読むこと」を習得するためにずっと多くの時間をかけなければならない。

◉「平仮名・片仮名」を手で書けるようにすることが基本。候補を見ただけで漢字を選べるようになるためには、仮名と基礎的な漢字が書けるようにならなければならない。

◉これからの「学校プリント」を読むための支援には、機械翻訳の活用や学校および先生方（学校教員）の協力が必要になる。

学校プリントに現れる特徴的な語と文法

森篤嗣（京都外国語大学）

学校プリントに隠された傾向とは

学校プリントには何が書かれているのでしょうか。学校行事のお知らせ、給食の献立、風邪予防の呼びかけなど、その内容は非常に多様です。では、外国人保護者が学校プリントを読むことができるようになるためには、たくさん読んで慣れるしかないのでしょうか。実はそうではありません。学校プリントに限らず、ある一定の目的で書かれた文書には、何らかの傾向があります。この傾向は、学校プリントを作成している人が意識しているものもあれば、無意識であるものもあります。

本章では、実際に配布された学校プリントをデータとして、使用されている語彙と文法の側面から、学校プリントの傾向を明らかにしたいと思います。先に言っておくと、「この語／文法を知っていれば学校プリントが読めるようになる」ということまで言い切るのは難しいというのが正直なところです。しかし、学校プリントに隠された傾向を計量的に明らかにすることは、「学校プリントに何が書かれているか」を把握することにつながります。こうした研究で得られた知見を提供することで、外国人保護者の方やその支援をされる方にとって、学校プリント理解のヒントになればと期待しています。

2 学校プリントデータについて

本章で扱う学校プリントデータは、平成27年度から28年度にかけて埼玉県、大阪府、兵庫県、福岡県の4つの都道府県に所在する小中学校から延べ916枚のプリントを収集したものです。総文字数は880,869字です。

916枚のプリントを保護者にとって読むべき重要度という観点で、下記の5つに分類しました。

重要度5　緊急／要対応（時間変更、持ち物、参観／懇談など）
重要度4　学校だより／学年だより
重要度3　興味がある／対象の人だけ要対応
重要度2　学校や自治体からのお知らせ（情報提供のみ）
重要度1　給食／安全／保健だより

表1は、所在地と重要度ごとのプリント枚数をクロス集計したものです。両面のプリントは2枚、冊子型プリントは1ページ1枚として数えています。

表1　所在地と重要度ごとのプリント枚数

	重5	重4	重3	重2	重1	計
埼玉	56	77	28	44	37	242
大阪	52	75	27	63	38	255
兵庫	38	30	26	67	36	197
福岡	43	36	41	37	65	222
計	189	218	122	211	176	916

所在地ごとにバラツキがありますが、これは同時期に配布された学校プリントの枚数が異なるためです。なお、上記は配布された全ての学校プリントというわけではありません。保護者が読む必要があると思われたものを選んでいるので、単なる宣伝や広告などは含まれていません。

続いて表2として、所在地と分類ごとの文字数のクロス集計をしたものを示します。

表２　所在地と重要度ごとの文字数

	重５	重４	重３	重２	重１	計
埼玉	42,178	64,460	21,611	22,507	30,694	181,450
大阪	27,640	46,218	24,547	36,199	26,188	160,792
兵庫	21,104	31,368	18,884	70,058	27,989	169,403
福岡	26,924	40,695	29,831	24,580	62,781	184,811
計	117,846	182,741	94,873	153,344	147,652	696,456

本章では上記の学校プリントデータに基づき、学校プリントに見られる傾向を語彙と文法に分けて探索的に調べていきます。

3　自動で品詞分解できる?!　形態素解析とは

まずは学校プリントに現れる語について見ていく前に分析方法について説明します。前節で挙げた学校プリントデータを形態素解析にかけました。形態素解析とは、簡単に言えばコンピュータが自動で品詞分解をしてくれるシステムです。

表３「自動車でのご来校はご遠慮ください。」の形態素解析結果

書字形	語彙素	語彙素読み	品詞	語種
自動	自動	ジドウ	名詞－普通名詞－一般	漢
車	車	シャ	接尾辞－名詞的－一般	漢
で	で	デ	助詞－格助詞	和
の	の	ノ	助詞－格助詞	和
ご	御	ゴ	接頭辞	漢
来校	来校	ライコウ	名詞－普通名詞－サ変可能	漢
は	は	ハ	助詞－係助詞	和
ご	御	ゴ	接頭辞	漢
遠慮	遠慮	エンリョ	名詞－普通名詞－サ変可能	漢
ください	下さる	クダサル	動詞－非自立可能	和
。	。		補助記号－句点	記号

表３は「自動車でのご来校はご遠慮ください。」を形態素解析した結果

です。国立国語研究所の「Web 茶まめ[1]」というサイトで、形態素解析したい文字列を入力すると、表 3 のように品詞分解できます。

「書字形」が入力した文字列で、「語彙素」は動詞や形容詞の活用や、「ご」と「御」などの表記ゆれを統合した代表形です。品詞と語種情報も自動で付与されます。文庫本 1 冊程度の分量のテキストデータでも、1 秒かかるかかからないかの速度で瞬時に解析できます。

表 3 を見てみると、この解析結果では「自動車」が「自動」と「車」に分解されていることがわかります。確かに「自動ドア」や「自動販売機」との共通性を考えると、「自動」が抽出されて「車」が接尾辞になるという理屈もわかりますが、「自動車」がひとかたまりである方が一般的なのではないでしょうか。

そこで私たちの研究グループでは「形態素解析ウェブアプリ UniDic-MeCab[2]」というサイトを作りました。Web 茶まめとほぼ同じ技術を使っているのですが、「複合名詞判定」と「サ変動詞判定」という二つの機能を搭載しました。複合名詞判定とは、「接頭辞 - 名詞 - 名詞 - 接尾辞」のような連続した語を 1 語にまとめて複合名詞として判定するものです。「サ変動詞判定」は表 3 の「来校」のように「する」をくっつけて使える形のとき、「来校する」を「来校」と「する」に分けずに「来校する」とサ変動詞として判定するものです。これにより、「来校」が名詞として使われたのか動詞として使われたのかわかるようになります。

4 学校プリントに現れる語

それでは本節では、学校プリントにどのような語が現れたのか具体的に見ていきます。まずは名詞です。

1 「Web 茶まめ」https://chamame.ninjal.ac.jp（2023年2月17日閲覧）
2 「形態素解析ウェブアプリ UniDic-MeCab」『やさしい日本語』http://www4414uj.sakura.ne.jp/Yasanichi1/unicheck/（2023年2月17日閲覧）

表４　学校プリントに現れた名詞（頻度上位100語）

事　方　1　子供達　小学校　場合　学校　2　時　木　金
人　保護者　為　物　火　3　水　ご協力　月　皆様　先生
日　中　00　4　自分　児童　時間　子ども　活動　体
必要　学習　5　本　他　心　土　10　校長　お知らせ
担任　給食　30　下記　安全　子　一年生　ご家庭　皆
場所　所　友達　気　予定　夏休み　運動会　生活
ご理解　一緒　6年生　様子　地域　上　13　内容　朝
お子さま　言葉　元気　練習　8　会長　家　中学校　準備
15　記　皆さん　11　9　身　参加　今年度　学年
2年生　クラス　力　保護者様　次　教室　12　御案内
本校　食事　話　連絡　6　年

もっとも多く使われた「事」や「方」、「為」「物」「所」などは形式名詞と呼ばれるもので、学校プリントに限らず、日本語では多用されます。数字は1から5まで小さい順に頻度が高く、その次は6でなく10なのは興味深いところです。また、「年」「月」「日」は日付、「月」「火」「水」「木」「金」「土」「日」は曜日です。「月」と「日」は日付でも曜日でも出てくることになります。

実質的な名詞で注目したいのは、「ご協力」「お知らせ」「ご家庭」「ご理解」「お子さま」など、接頭辞の「お」や「ご」を伴う語が上位にきていることです。これは学校プリントの理解に敬語が欠かせないことを示唆しています。外国人保護者にとっては、理解が困難になるためありがたくない配慮ですが、学校にとって保護者が「お客さま」であるとする日本文化を考えると仕方がないところです。敬語に関する表現は文法の検討でも取り上げたいと思います。

その他は「担任」「給食」「夏休み」など学校生活に密接な語が使われているのは当然のことと言えます。しかし、「活動」「必要」「安全」「生活」「地域」「準備」などは、学校生活を念頭に置くと確かに出てきそうな語ではあるのですが、学校生活専用の語とも限りません。その意味では、学校プリントに現れる語だけを、短期間にピンポイントに身につけるというのは、少なくとも名詞についてはかなり難しそうだということがわかります。

表5　学校プリントに現れた動詞（頻度上位100語）

する　いる　くださる　ある　なる　つく　できる　願う
いただく　行く　いたす　言う　来る　思う　行う　持つ
見る　よる　ござる　食べる　付ける　知る　使う　考える
置く　申し上げる　過ごす　取る　遊ぶ　作る　守る　頑張る
入れる　出る　書く　聞く　入る　取り組む　くれる　関する
見守る　始まる　しまう　於く　読む　付く　掛ける　分かる
貰う　やる　感ずる　迎える　合わせる　受ける　返る
忘れる　待つ　上げる　通す　出す　決める　学ぶ　話す
開く　存ずる　伝える　渡す　向ける　止める　楽しむ
終わる　乗る　送る　始める　掛かる　走る　図る　対する
続ける　含む　過ぎる　賜わる　関わる　歩く　切る　変わる
増える　申し込む　引き続く　違う　合う　飲む　整える
育てる　洗う　起きる　目指す　続く　集まる　進める

それでは動詞だとどうでしょうか。表5は学校プリントに現れた動詞の頻度上位100語を挙げたものです。やはり「くださる」や「いただく」「いたす」「ござる」「申し上げる」「存ずる」など敬語に関する動詞が上位に来ていることがわかります。しかし、その点を除くと、「頑張る」「見守る」「迎える」「申し込む」など、学校プリントに出てきそうな動詞もいくつかはありますが、そのほかのほとんどはどんな場面でもよく使われる動詞という印象しかないのではないでしょうか。

名詞に比べると、動詞や形容詞などの場合、出現する種類は限定されますが、その一方で特色が出にくくなります。したがって動詞については、名詞以上に学校プリントに現れる語だけを、短期間にピンポイントに身につけるというのは難しいのです。

同じ事の繰り返しになるので、表は示しませんが、森（2016）で分析したとおり、形容詞や形容動詞については、動詞よりはやや傾向がはっきりするものの、やはり学校プリントの特色は出にくいと言えます。

外国人保護者が学校プリントを読むときに困難な語を探索するには、ここで検討したような高頻度の語だけを見るのではなく、やや頻度が低くても外国人保護者と日本人保護者で認知度に差があると思われる語を抽出し、その差をアンケートなどで検証するといったことが必要です。その意味では、学校プリントデータを形態素解析して語彙リストを作るという作業は前作業に過ぎないということになります。今後のさらなる研究が期待されます。

5 学校プリントに現れる文法

それでは次に学校プリントに現れる文法について考えていきたいと思います。外国人保護者といっても、ほとんど日本語ができない初級の方もいらっしゃれば、ほぼ日本語母語話者と変わらない読み書き能力を持つ方もいらっしゃいます。

ただ、本章は学校プリントが読めなくて困っているという外国人保護者のための分析ですので、初級の文法項目に絞って取り上げたいと思います。日本語教育における初級文法項目をどのように選定するのかは難しいところですが、ここでは中俣（2014）『日本語教育のための文法コロケーションハンドブック』に取り上げられている93項目を対象とします。

『日本語教育のための文法コロケーションハンドブック』における文法項目は、庵ほか（2000）から選定されています。そして、国立国語研究所による『現代日本語書き言葉均衡コーパス（BCCWJ）』を長単位検索で調査して各文法項目がどのような語と共起するか頻度を調査しています。「Web茶まめ」や「形態素解析ウェブアプリUniDic-MeCab」の基となるUniDicという辞書では、短単位と長単位という二種類の語の長さの単位を扱っています。表3の「自動車でのご来校はご遠慮ください。」は短単位による分割の結果で、「自動」と「車」が分かれます。文法項目の「ている」の場合、短単位では「ている」は「て」+「いる」に分割されますが、長単位では「ている」のように一語となります。長単位の方が人間にとっては意味のつかみやすい長さということになります。

しかし、長単位はBCCWJの「中納言」でしか使えず、「Web茶まめ」や「形態素解析ウェブアプリUniDic-MeCab」によって既存のデータを形態素解析するときには長単位は使えません。したがって、今回は正規表現による検索をおこないました。正規表現とは、文字列検索の方法の一種で、例えば「.」は「何でもいい 1 文字」になります。つまり、「.. 教育」と検索すると、「学校教育」「国語教育」「新人教育」など、「2 文字 + 教育」の語がヒットします。今回はこれを使って、例えば「〜たい」であれば「[いきしちにひみいり] たい」のように検索しました。「[ ]」はかっこ内に来るいずれか 1 文字を指定するので、この場合は「イ段の後に「たい」が来る場合」を検索したことになります。ただし、この場合は「まるでメガネみたい」のような「名詞 + みたい」も入ってしまいますので、手作業で取り除きました。

93 項目全てを取り上げるのは紙幅の都合で難しいため、学校プリントデータにおける頻度 100 以上の 35 項目を取り上げることとしました。表 6 の BCCWJ の頻度は中俣（2014）の数字を利用しています。ただし、中俣（2014）における BCCWJ 長単位検索での頻度と、学校プリントデータから正規表現で抽出した頻度の比較であり、検索基準が異なるため、データとしての正確さにやや欠けることを断っておきたいと思います。一番左の「番号」は中俣（2014）のもので、あいうえお順です。

そもそも短単位で約 1 億語の BCCWJ と、約 70 万字の学校プリントデータでは規模が大きく違います。森（2016）で扱った学校お便りコーパス（http://lixiaoyan.jp/database/）では、約 88 万字で短単位約 47 万語でしたので、70 万字だと短単位で 37 万語程度と推定されます。つまり、BCCWJ は学校プリントデータの約 270 倍です。したがって、単純に出現頻度を調べても意味がありません。そこで、表 6 では「学校プリント／BCCWJ」の比率を計算しました。

表 6 は学校プリントデータで頻度 100 以上の語だけをピックアップしていますので、全体的に高めの出現率になっています。それでも、1 %を超える出現率になっている文法項目は、BCCWJ と比べて学校プリントに出現しやすい項目と言って良いと思います。

学校プリントデータで出現率が高い文法項目こそが、冒頭で述べた「学校プリントに隠された傾向」を示すものと考えられるのです。

表 6　学校プリント頻度 100 以上の 35 項目と BCCWJ の比較

番号	文法項目	BCCWJ	学プリ	学／B
2	う・よう	96,339	275	0.285%
4	お～する（謙譲語）	28,489	1,214	4.261%
7	か	62,582	327	0.523%
8	が	144,300	567	0.393%
12	ことがある	10,625	183	1.722%
13	ことができる	58,423	248	0.424%
16	させる・せる	122,746	569	0.464%
18	ず・ずに	54,264	199	0.367%
23	たい	115,706	309	0.267%
27	ために（目的）	31,855	144	0.452%
28	たら	87,201	256	0.294%
29	たり	73,100	431	0.590%
36	ていく（時間的用法）	66,242	352	0.531%
37	ていただく	16,890	428	2.534%
38	ている	985,113	1,969	0.200%
42	てください	43,507	774	1.779%
44	てくる（時間的用法）	96,995	337	0.347%
45	てくれる	59,040	145	0.246%
46	でしょう	11,144	140	1.256%
47	てしまう	92,258	135	0.146%
49	てほしい	10,009	142	1.419%
50	てみる	61,440	175	0.285%
51	ても	88,715	498	0.561%
55	と	219,995	177	0.080%
56	と思う	13,518	396	2.929%
57	とき（～るとき・～たとき）	57,998	271	0.467%
59	ないか	1,305	153	11.724%
62	ながら	61,489	165	0.268%
70	ね	16,391	202	1.232%
71	のだ・のです	112,322	389	0.346%
72	ので	56,286	571	1.014%
74	ば	135,634	194	0.143%
78	ましょう	25,144	855	3.400%
87	ようにする	9,199	259	2.816%
91	られる・れる（受け身）	781,023	500	0.064%

6 敬語に関する表現

表7　敬語に関する表現

番号	文法項目	BCCWJ	学プリ	学／B
4	お〜する（謙譲語）	28,489	1,214	4.261%
37	ていただく	16,890	428	2.534%
42	てください	43,507	774	1.779%
46	でしょう	11,144	140	1.256%
72	ので	56,286	571	1.014%

まず目につくのが、謙譲語である「4 お〜する」です。表4でも取り上げたように、「お手伝いする」「お待ちする」「ご案内する」「ご報告する」などといった形です。代表的な初級教材である『みんなの日本語初級Ⅱ第2版』では、接頭辞「お／ご」が明示的に取り上げられるのは、初級も終わりとなる49課ですが、外国人保護者のためには、かなり早い段階で取り上げる教え方を検討する必要があると言えます。

ここからは学校プリントにあった実例を見ながら説明していきます。

(1) 門で降りて自転車をおして駐輪場に止めてください。
(2) もしもの場合の補償のため、今一度ご検討ください。
(3) 何回かに分けてお金を預からせていただきます。

「37 ていただく」「42 てください」も学校から保護者への敬語表現としてよく使われます。(2) のように、「4 お〜する」と併用されることも多く、学校プリントの大きな特徴であると言えます。

(4) 保護者の皆様はいかがお過ごしでしょうか。
(5) おうちの人とお正月に今年の目標を考えた人もいることでしょう。
(6) たくさんのお話や配布物、連絡事項がありますので、ぜひご出席ください。

「46でしょう」も敬語表現と一緒に使われることが多い文法項目です。(4) のような保護者への呼びかけだけでなく、(5) のような子どもへの問いかけにも使われます。「72ので」は意外かもしれませんが、(6) のように敬語表現との組み合わせで使われます。理由を表すとき、「から」より「ので」の方が丁寧な文体で使われるからだと思われます。

いずれにしても、それぞれの文法項目が単独で使われるのではなく、それぞれの文法項目が組み合わさって、「学校プリントらしさ」を形作っていることがわかります。先にも述べたように、学校は保護者に対して丁寧に表現しようとして、外国人保護者にとってはかえって難しくなっているというわけです。本章は「外国人保護者が読むときに」というタイトルですが、同時に「学校プリントを書くときに」ということも検討する必要があると言えます。

表8 子どもへの問いかけに関する表現

番号	文法項目	BCCWJ	学プリ	学／B
59	ないか	1,305	153	11.724%
70	ね	16,391	202	1.232%
78	ましょう	25,144	855	3.400%
87	ようにする	9,199	259	2.816%

子どもへの問いかけ

先ほど「46でしょう」は保護者への呼びかけだけでなく、子どもへの問いかけでも使われると指摘しました。表8に挙げた4項目は、この「子どもへの問いかけ」でよく使われる文法項目です。

(7) 前の日に夜食を食べ過ぎたりしていませんか。
(8) お兄さん・お姉さんの仲間入りですね。
(9) ミネラル類も積極的にとりましょう。

(10) 時間割をよく見て忘れ物をしないようにしよう。

「59 ないか」「70 ね」「78 ましょう」「87 ようにする」は、上記のようにいずれも子どもへの直接の問いかけに使われます。学校プリントといえば保護者に宛てるものというイメージがあるかもしれませんが、意外に子どもに宛てた文面もあるのです。

ただ、子どもに宛てているのだから保護者は読まなくてよいかというと、そういうわけでもありません。小学校低学年などだと、子どもへの問いかけの体をとっていても、「気をつけてあげてくださいね」という保護者への問いかけになっていることもあります。その意味で、これらの文法項目も学校プリントの特徴であり、傾向であると言えます。

表9　子どもへの言及に関する表現

番号	文法項目	BCCWJ	学プリ	学／B
12	ことがある	10,625	183	1.722%
49	てほしい	10,009	142	1.419%
56	と思う	13,518	396	2.929%

8 子どもへの言及

表9に挙げた文法項目は、学校プリントの中で子どもに対して言及するときによく使われます。

(11) 環境の変化で体調を崩すこともあります。
(12) 帰宅時間が少し遅くなることもあります。
(13) 別室のモニター映像による視聴をお願いすることがあります。

「12 ことがある」は (11) や (12) のように子どもの体調や行動などに対して言及するときによく使われます。保護者が留意すべきポイントになることが多いので、ぜひチェックしておきたい項目です。ただ、(13) のように子どもへの言及ではなく、直接保護者への呼びかけで使われることもあります。

（14）家庭でも歯磨きのチェックをしてほしい。
（15）班の友達の良いところを発見できる機会にしてほしいと思います。
（16）しっかりテスト勉強を頑張ってほしいと思います。

「49 てほしい」は（14）のように、保護者が留意すべきポイントとして使われることがあります。さらに（15）のように「56 と思う」と組み合わせて使われることが多いのも特徴です。（14）のように直接保護者への呼びかけとして使われることもあれば、（15）のように「教師の思い」を保護者に伝えるというときにも使われます。また、（16）のように子どもへの問いかけにつかわれることもあります。

9 重要度が高い学校プリントに特有の表現

本章で扱っている学校プリントデータは、下記のように重要度で分類したと冒頭で述べました。保護者にとって重要な学校プリントは、「重要度5」のプリントということになります。

重要度 5　緊急／要対応（時間変更、持ち物、参観／懇談など）
重要度 4　学校だより／学年だより
重要度 3　興味がある／対象の人だけ要対応
重要度 2　学校や自治体からのお知らせ（情報提供のみ）
重要度 1　給食／安全／保健だより

そこで、上記の 5 段階のうち、「重要度 5」のプリントにだけ特別多く出現した文法項目を調べてみたいと思います。まず、表 6 で取り上げた

35項目を、js-STAR[3]を使って、カイ二乗検定で検討しました。カイ二乗検定とは、簡単に言えばどこかに偏りがあるか調べる方法です。その結果、1%で有意な差が認められた（偏りがあった）ことがわかりました。そこで、どこに偏りがあったのかを詳しく調べる残差分析という方法で検討した結果、下記の8項目が「重要度5」の頻度が有意に多いことがわかりました。

表10　重要度が高い学校プリントに特有の表現

番号	文法項目	BCCWJ	学プリ	学／B
4	お～する（謙譲語）	28,489	1,214	4.261%
16	させる・せる	122,746	569	0.464%
37	ていただく	16,890	428	2.534%
42	てください	43,507	774	1.779%
57	とき（～るとき・～たとき）	57,998	271	0.467%
72	ので	56,286	571	1.014%
78	ましょう	25,144	855	3.400%
87	ようにする	9,199	259	2.816%

表10の8項目のうち6項目は出現率1%を超えた項目と重複しています。ここで新たに出てきたのは、「16させる・せる」と「57とき（～るとき・～たとき）」の2項目です。

（17）運動会練習中は必ず水筒を持たせてください。
（18）12月3日に教材費を集金させていただきます。

「16させる・せる」は、保護者への呼びかけで用いられます。（17）のように「させてください」という形で、必ずしなければならない子どもへの対応を呼びかけたり、（18）のように「させていただきます」という形でお金のことなど保護者への重要な呼びかけに使われたりします。いずれも「要対応」であるといえ、特に「させてください」と「させていただきます」という形には注意したいところです。

3　js-STAR　https://www.kisnet.or.jp/nappa/software/star/（2023年2月17日閲覧）

(19) 自転車で来校したときは、門でおりて自転車をおして駐輪場に止めてください。

(20) 新しいものを持たせるときは、必ず記名をお願いします。

「57 とき（～るとき・～たとき）」は、学校から保護者への依頼がおこなわれるときに使われます。(19) は、(1) で取り上げた「42 てください」の前に使われています。(19) は保護者の行動に対する呼びかけで、(20) は子どもへの対応に対する保護者への呼びかけです。

「16 させる・せる」と「57 とき（～るとき・～たとき）」の 2 項目は、BCCWJ に対して学校プリントデータでの出現率が 1% を超えてはいませんでしたが、ここで検討したとおり保護者が対応を要する場合によく使われる文法項目であり、「重要度が高い学校プリントに特有の表現」であると言えるでしょう。

10 おわりに

本章では、実際に配布された学校プリントをデータとして、使用されている語彙と文法の側面から、学校プリントの傾向を検討してきました。

学校プリントに出現する語は、特に名詞にその特徴が現れます。ただし、形態素解析をして頻度上位の語を見るだけでは、当たり前の傾向しか見えてきませんでした。外国人保護者が学校プリントを読むときに困難を感じる語を選定するのであれば、日本人保護者と外国人保護者の知識に差が付く語をアンケートなどで調査して明らかにする必要があります。したがって、本章の分析方法では学校プリントに出現する語の傾向を明らかにするのには限界があります。

学校プリントに出現する文法については、日本語の書き言葉コーパスである BCCWJ と比較して、学校プリントでのとりわけ出現率が高い文法項目を検討してきました。その結果、「敬語に関する表現」「子どもへの問いかけ」「子どもへの言及」という三つの分類を示しました。ただ、三つに分類したとはいっても、それぞれは重なりが大きく、組み合わさって学校プリントの傾向を形作っていることを説明しました。また、重要度による分類も利用して、全体の出現率はそれほど高くないものの、特に「重要度5」の出現率が高かった「16 させる・せる」と「57 とき（～るとき・～たとき）」の2項目についても取り上げました。外国人保護者が学校プリントを読むときに、特に注目すべき文法項目が明らかになったのは成果があったと言えるでしょう。

冒頭でも述べたとおり、「この語／文法を知っていれば学校プリントが読めるようになる」ということまで言い切るのは難しいというのが正直なところです。しかし、学校プリントに隠された傾向を計量的に検討したことによって、「学校プリントに何が書かれているか」を把握することにつながるでしょう。研究で得られた知見を提供することで、外国人保護者の方やその支援をされる方にとって、学校プリント理解のヒントになればと思います。

まとめ

◉学校プリントにおいて出現率が高い文法項目から、「学校プリントに隠された傾向」の一端がわかる。

◉学校プリントで出現率が高い文法項目は「敬語に関する表現」「子どもへの問いかけ」「子どもへの言及」の三つである。

◉学校プリントで出現率はそれほど高くないが、重要度が高い文法項目として「させる・せる」と「とき（～るとき・～たとき）」がある。

引用文献

庵功雄・高梨信乃・中西久実子・山田敏弘(2000)『初級を教える人のための日本語文法ハンドブック』スリーエーネットワーク

中俣尚己(2014)『日本語教育のための文法コロケーションハンドブック』くろしお出版

森篤嗣(2016)「子どもを持つ外国人のための語彙シラバス」『ニーズを踏まえた語彙シラバス』くろしお出版, pp.179-195.

学校文書をシリア出身の保護者と一緒に読む

奥野由紀子（東京都立大学）

はじめに―シリアから来た家族―

みなさんはシリアという国を知っていますか。2011年に内戦が始まり、2022年現在、今もなお終わったとは言えない状況です。内戦で、勉強をする機会や働く場所をなくした多くの人達がシリアを出て海外で移民や難民として暮らしています。日本の政府も2017年から5年間で100名の大学院生を「留学生」としてシリアから受け入れています[1]。その他に民間の団体や大学独自の受け入れもありますが、日本では「難民」としての受け入れが非常に少なく、たとえ紛争から逃れて日本に来ている人であっても、ほとんどが難民認定[2]されません。紛争を逃れて留学生として来日している人の中には家族も一緒に来ている人も多く、子どもは6才になると日本の小学校に通うようになります。この章では、そのようなシリアから逃れて日本に学びに来たの保護者に対する日本語支援の一端を紹介したいと思います。そして、その活動の中で行った「学校文書を一緒に読む」という取り組みを通して、学校文書のどのような点が外国人保護者にとって難しいのか、どのように一緒に読んでいったのかについて具体的にみていきたいと思います。

1　シリア難民に対する人材育成事業「シリア平和への架け橋・人材育成プログラム（Japanese Initiative for the future of Syrian Refugees：JISR（ジスル））」https://www.jica.go.jp/syria/office/others/jisr/index.html（2023年2月17日閲覧）

2　2021年の日本の難民認定者数は74名、難民認定率は0.7%。「日本の難民・移民」公益社団法人アムネスティ・インターナショナル日本 https://www.amnesty.or.jp/human-rights/topic/refugee_in_japan/（2023年2月17日閲覧）

シリア出身保護者へのコロナ禍における日本語支援の経緯

「シリア平和への架け橋・人材育成プログラム（JISR）」の留学生として来日したアミールさん一家とラシャドさん一家は、両家族共に、奥さんと幼稚園、小学校の子どものいる４人家族です。アミールさん（仮名）とラシャドさん（仮名）は、避難先の中東から家族を抱えてこのプログラムに応募して日本に学びにやってきました。日本での生活をするための心得や日本語の基礎を１ヶ月学んだ後、JICA（独立行政法人国際協力機構）や大学のサポートを受けながら大学院で研究を行い、修士課程の学位を取得し修了しました。ただ支援を受けられるのはこの留学生としての在学期間と、もし就職できなかった場合の半年のみです。修了後、現政府に反対の立場で活動していた経験があるため、シリアに帰ることができない彼らは日本での就職に取り組む必要があります。アミールさんもラシャドさんも来日直後から日本での就職を見据えて熱心に日本語学習に取り組み、日常的な日本語には困らないほどに日本語も向上させることができました。ラシャドさんは修了後、無事にある会社に採用され、設計業務に携わることができました。しかしアミールさんは就職活動を行う半年間の猶予を過ぎても就職することができていませんでした。猶予期間には日本語学校に通えていましたが、その支援もなくなり、おまけに2020年、コロナウィルスが流行し、緊急事態宣言が出されました。就職活動もできず仕事の目途も立たず、かといって日本語の勉強もままならない中、子どもは小学校へ入学したばかりでいきなり休校となり学校に行けなくなりました。

筆者は、そのようなシリア人家庭の様子を研究室の支援員の方から聞いていました。その支援員の方は、シリアに滞在した経験があり、寄付で募ったお金で、コロナ禍において営業が厳しい都内のアラブ料理のレストランにお弁当を依頼し、都内のシリア人家庭やシリア人学生に自ら配達して届けるという活動をしていました。お弁当を届けるときに彼らの近況や様子を聞いて筆者に話してくれていました。また別ルートで、JICA（国際協力機構）の職員の方やシリア勉強会で知り合った方からも個人的にアミールさん家庭の大変な様子をメールでお知らせいただいていました。一方、筆者は、普段大学で日本語を教えたり、日本語教師の養成をしたりしていますが、しばらく休講となり、予定していた出張も全てキャンセルとなり在宅勤務となりました。そのような中、私たちにも何か出来ることがあるのではないかと、シリア出身で日本語教育を専攻している大学院のゼミ生と共に、週に1度のオンラインでのボランティア日本語支援を始めることにしました。同じく小学校に入ったばかりの子どもを持ち、就職したものの、職場での日本語はそれまでの生活や大学に必要な日本語とは異なり、戸惑っていたラシャドさんも一緒に学ぶことになりました。時間は夜、ラシャドさんも仕事から帰って夕飯が終わり、お子さんが寝る頃の8時からの開始としました。授業前半は小学校でもらってくる学校文書を一緒に読むこと、そして後半は就職を目標としたビジネス日本語を学ぶ時間としました。また3週に一度はビジネストピックに特化したディスカッションや面接対策として、シリアやイスラム文化に縁があり実際にビジネスに携わっている日本語母語話者の社会人にもゲストとして参加してもらうことになりました。

ビジネスをトピックとして日本語を学んだ部分はまた別の機会にお伝えすることとし、今回は学校文書を一緒に読みながら、日本語の向上を目指した事例を通して、どのような点に外国人の保護者が困難を感じるのかについてお伝えしたいと思います。

3 学校文書を読んでみた

毎回、その日に読みたい学校文書を送ってもらい、一緒に読むことにしました。コロナを機に、学校文書もメールで送られるようになることが増えたので、文章の共有も容易となり、支援をする上でも幸いでした。メールでは簡単な以下のようなお知らせも来ます。

> ○○小学校保護者様
> 天気もだいぶ収まってきました。ただいまから児童の下校を開始いたします。よろしくお願いいたします。

図1　メールによる下校のお知らせ

このお知らせについて、アミールさんは「何か新しいものが始まるお知らせではないか」と「開始」という漢字から推測しました。しかし「下校」を“under the school（学校の下）”と思ってしまったため、何についてのお知らせなのか全く理解できませんでした。「下校」が「学校から帰ること」であることを伝えたところ、何のことかすぐに分かりました。このようにたとえ一つ一つの漢字の意味がわかっても、組み合わせた意味の推測がうまくいかないと理解に至らないことも多いのです。

メールの場合、保護者はインターネット上の翻訳を使用することもできますが、アミールさんは「翻訳しても分からないことが多い」と述べていました。例えば入学式に関するお知らせのメールは以下のようでした。まずは、目を通してみてください。網掛け部分は理解に必要な新たな語彙や表現部分です。

> 1年1組の保護者の方
>
> 1組のお子様の上履きは学校にそのまま置いてありますので、当日は準備していただかなくて結構です。そのまま下駄箱で上履きに履き替えてご入場ください。
>
> 1年2組の保護者の方
> 2組のお子様は週末に持ち帰っていただいておりますので、お子様の上履きをご持参ください。上履き袋は、当日下駄箱の中に入れてご入場ください。お帰りの際もそのまま上履き袋を入れたままにしておいてください。クラスによって対応が異なり、申し訳ございません。担任も入学式を楽しみにしております。当日もよろしくお願い致します。【○○小学校】
> ※このメールには、返信できません。

図2　メールによる入学式に関するお知らせ

まず「両親」という言葉は知っていても「保護者」という言葉が自分たちを指すことがわかりません。同じように「先生」という言葉は知っていても「担任」という言葉はわかりません。「なぜ『両親』と言わないのか」という疑問が湧きおこります。筆者は家庭によって子どもを世話するのは必ずしも両親とは限らないことを伝えながら、「保護者（ほごしゃ）」という言葉を用いることを話しました。次に、自分の子どもが何組かを把握した上で（アミールさんのお子さんのクラスは2組でした）、クラスによって対応が違うことに驚くことになります。そして、「上履き」「上履き袋」「下駄箱」「担任」という学校文化に必要な概念の理解が必要となります。

日本の学校で育っていない外国人保護者にはそのような学校文化から説明する必要があります。それを理解できたとしても、複合動詞「持ち帰る」と敬語「いただいております」や「ご持参」など漢語が含まれた文を理解するのは大変です。「持って帰っています」「持ってきてください」ならもう少し理解できるでしょう。さらに、「上履き袋を下駄箱に入れて入場」+「お帰りの際もそのまま上履き袋を入れたままにしておく」という細かいインストラクションとそれを理解するために必要な「〜たままにしておく」という文法の理解に一苦労です。学校文化の概念の理解の部分では、大学院生による媒介語であるアラビア語での説明も必要でした。これが入学当初から始まった学校文書との格闘の始まりでした。

次の文書は、市の教育委員会から届いた、コロナに関連した「通常登校再開のお知らせ」についてのものです。網掛けの部分は保護者のアミールさんやラシャドさんが分からなかった語彙や表現です。

市内各小・中学校　保護者　様

市内公立小中学校において、6月22日（月）から、通常の登校といたします。

6月1日から新型コロナウイルス感染症対策として、学級を分割しての登校を実施してきましたが、市内の新しい感染者数が低い水準を維持していることを踏まえ、22日からの通常の登校となります。

各校においては、引き続き、感染及びその拡大のリスクを可能な限り低減しつつ、教育活動を進めてまいります。ご理解・ご協力の程、よろしくお願いいたします。

詳細につきましては、必要に応じて学校から改めてお知らせいたしますが、以下の点についてご確認ください。

1　通常の登校となります。
2　通常日課となります。（学校によっては日課変更の可能性があります。）
3　通常の給食となります。
4　マスクの着用は継続します。
5　健康観察カードによる健康観察は継続します。
6　本人に発熱等の風邪の症状がある場合には、自宅での休養となります。【出席停止扱い】
　（同居の家族に風邪症状が見られる場合も同様となります。）
7　中学校の部活動が段階的に始まります。
8　現時点での予定ですので、今後の状況によっては、変更となる場合もあります。

〇〇市教育委員会　学校教育課　　※このメールには、返信できません。

図3　メールによる通常登校再開のお知らせ

まず、「通常」「登校」「分割」「実施」「水準」「維持」「継続」「低減」などの漢語が多く、理解が難しいことがわかります。また、「感染者数」「拡大のリスク」「マスクの着用」「発熱」「風邪の症状」「自宅での休養」などコロナ関連の健康に関する表現を知る必要があります。さらに「健康観察カード」「出席停止扱い」「部活動」「日課」などの学校文化に関する用語の理解が必要となります。特に「出席停止扱い」というのは、「欠席」にカウントされないというものであり、その概念がない国の保護者にとってはたとえ「出席」「停止」「扱い」とそれぞれの語彙を知っていたとしても、理解できないものです。また、「同居の家族に風邪症状が見られる場合も同様となります」という意味は、家族が風邪の場合も「欠席」とカウントしないので休んでくださいということですが、そのような意図を読み取るのはたとえ翻訳したとしても不可能です。その裏には、p.67でも紹介されていたように、日本の学校文化特有の休まない生徒を表彰する「皆勤賞」のような文化があるとも言えそうです。さらに、「〜を踏まえ」「引き続き」「〜しつつ」「段階的に」「現時点での予定」「今後の状況によって」「変更となる場合もある」などの学校文書に多く使われる補足表現や限定表現も理解の困難度を上げていると言えるでしょう。これが学校文書の現実です。

4 運動会の案内ー大ショック！ー

次に学校行事の目玉である運動会の案内を保護者と一緒に読んでみたときの様子をお伝えしたいと思います。これは紙媒体での配布でした（図4参照）。皆さんも、1年生を持つ親になったつもりでまずは目を通してみてください。一緒に読むにあたって、まず何についての文書かアミールさんに尋ねたところ「運動会のインビテーション」と、運動会の案内であることは把握できていました。

家庭数配布　　　　　　　　　　　　　　　　　　令和２年　８月２１日

小学校保護者　様

小学校
校長

運　動　会　の　ご　案　内

残暑の候、保護者の皆様には、益々ご健勝のこととお喜び申し上げます。
さて、本年度の運動会を下記のとおり開催いたします。
つきましては、ご多用のこととは存じますが、皆様のご来場と児童へのご声援をいただきたくご案内申し上げます。

記

１　日　時　　令和２年　９月２６日（土）
開会式　　８：５５　　閉会式終了　１１：３０（予定）

２　天候による開催日の変更について

	２６日（土）にできた場合	２６日（土）にできない場合	２６日（土）、２７日（日）ともに実施できない場合
９月２６日（土）	運動会	休み	休み
９月２７日（日）	休み	運動会	通常授業（月曜日課） 弁当持参
９月２８日（月）	振替休業日	振替休業日	振替休業日
９月２９日（火）	通常授業（火曜日課）	通常授業（火曜日課）	運動会　給食あり

３　その他
⑴　２９日（火）も運動会ができない場合、翌日（３０日）以降で一番早く開催可能な日に順送り開催となります。
⑵　天候の都合で運動会延期の場合は午前６時頃に緊急メールで連絡いたします。
⑶　朝検温をし平熱で体調が良好の時は、マスクを着用の上ご来校ください。
⑷　本年度はご家族・ご親族のみの参観とさせていただきます。
⑸　朝礼台脇に敬老席のテントを設けますのでご利用ください。
⑹　保護者用ネームホルダーの着用をお願いします。
⑺　自転車は、指定の駐輪場にお願いします。車でのご来校はご遠慮ください。
⑻　校地内及び歩道での飲酒・禁煙は禁止です。
⑼　閉会式終了後、お子様の下校までテントやイス等の片付けに御協力をお願いいたします。（１５～２０分程度）
⑽　感染症防止のため新入児の徒競走はありません。

図４　プリントによる運動会の案内

その後の「残暑の候～」は季節の挨拶なので読み飛ばしていいということ、「ご多用」とは「忙しいところ」という意味であることを伝えました。「ご来場」「開会式」「閉会式」も漢字から推測することができました。問題は２の「天候による開催日の変更について」の表でした。予定通り 26 日（土）に開催できた場合とできない場合、そして 26 日にも 27 日にもできない場合の予定が書いてありますが、26 日，27 日ともに実施できない場合、27 日には月曜日の授業があり、弁当を持って行かなければなりません。このような大事なことですが、全く表からは読み取ることができていませんでした。もし 26 日も 27 日も雨だった場合にはアミールさんの子どもは休んでしまっていたかもしれません。もし学校に行ったとしてもお弁当を持たないで行ってしまったかもしれません。また「3 その他」にも大事なことがたくさん書いてありました。例えば（2）は「天候の都合で運動会延期の場合には朝 6 時に緊急メールをする」というものですが、アミールさんは「延期」がわからなかったため、「今日は運動会、朝 6 時にメールします」と、運動会が開催する場合、朝 6 時にメールがくると逆の意味で捉えてしまっていました。また（3）の「平熱」は「気温がいい」の意味で解釈していました。「平熱」は普段の体温であることを伝えました。（5）は「敬老席」の意味がわからず、「テントを使ってください」と解釈していました。若いアミールさんが「敬老席」に座ってしまうと白い目で見られてしまう危険性があります。（6）の保護者用ネームホルダーは知っており理解できました。（7）（8）はどちらもしてはいけないことですが、（7）は「ご遠慮ください」（8）は「禁止」という表現の違いはあってもどちらも「ダメ」という意味であることを確認しました（もっともアミールさん一家はイスラム教徒なのでお酒を飲むことはないのですが）。（9）については、依頼されていることがわからず、誰が手伝うのかが理解できていなかったため、そのまま帰ってしまっている可能性がありました。

衝撃的な事実が発覚したのが（10）でした。そのときのやりとりを以下に示します。アミールさん（A）、ラシャドさん（B）、T（筆者）です。

A：10 感染症…コロナヴァイラス something

T：新入児は誰ですか？

A：新しいの学生です

T：つまり何年生？

A：幼稚園のこども？

A：Baby?

T：新入児は1年生です（指を立てて示す）

T：アミールさんのお子さん…

A：1年生

T：そうですね。1年生の徒競走はありません

A：No competition?!
えっ、えっほんと？

T：何の competition?

A：あのー running、ダメ？（両手で×をつくって確認）

T：はい、ダメ

A：○○くん（アミールさんの息子）一番強い

T：残念ね～

A：ほんと残念

T：残念ねー他の2年生、3年生はあるけれど1年生だけありません

A：えーそうですか、でも他の activity ありますか

T：他の activity はあると思います

A：意味はわかりません。コロナヴァイラス、一年生だけ　キケン
意味はわかりません。

T：わからないけれど、離れて並びましょうとか、一年生は難しいのかもしれない。お友達とひっついたりしてしまうからかなあ

A：コントロールちょっと難しい

T：ちょっと密になるからかなあ、1年生は

A：うーん、かもしれない

アミールさんのお子さんは足が速いのに徒競走がなくなり、とても残念そうでした。また、なぜ1年生だけないのかについても納得がいっていないようでした。1年生はソーシャル・ディスタンスを保つのが難しいからではないかという筆者の推測にラシャドさんや院生もうなずき、アミールさんもそうかもしれないと言ってはいましたがとても残念そうでした。アミールさんのお子さんにとって得意な走りをみんなの前で披露する場がなくなってしまったのです。コロナ対策とは言え、大きなショックを受ける

ことになってしまいました。ですが、運動会の当日に知るよりは事前に知ることができて良かったのかもしれません。早くコロナが収まり、子どもたちがのびのびと運動会を楽しめる日がくることを祈らずにはいられません。

5 面談の調整—難しいシステム—

次に紹介する文書は、紙媒体のもので、その日の翌日に提出予定のものでした。内容について尋ねると、「先生と両親が子どもについて話す」「面接の予約の手紙」と、何についての文書なのかについては理解できていました。ただ、その記入の仕方が非常に難しかったようです。皆さんも保護者になったつもりでどのように記入すればよいか、まずは考えてみてください。

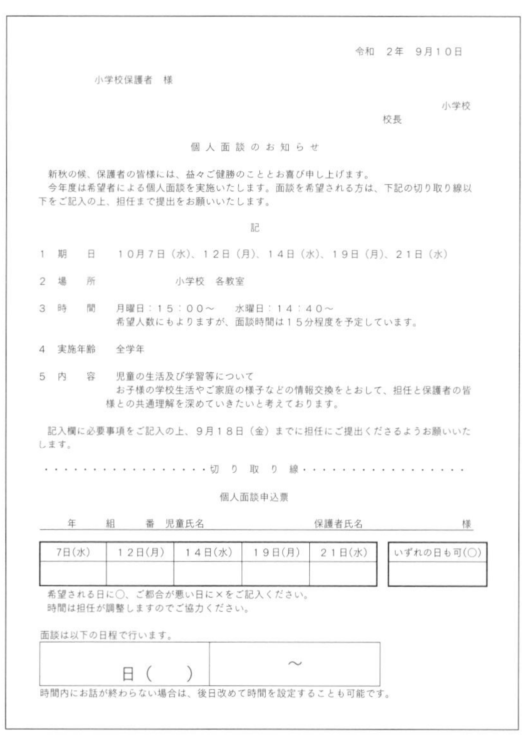

令和　2年　9月10日

小学校保護者　様

小学校
校長

個人面談のお知らせ

新秋の候、保護者の皆様には、益々ご健勝のこととお喜び申し上げます。
今年度は希望者による個人面談を実施いたします。面談を希望される方は、下記の切り取り線以下をご記入の上、担任まで提出をお願いいたします。

記

1　期　　日　　10月7日（水）、12日（月）、14日（水）、19日（月）、21日（水）

2　場　　所　　小学校　各教室

3　時　　間　　月曜日：15：00～　水曜日：14：40～
希望人数にもよりますが、面談時間は15分程度を予定しています。

4　実施年齢　　全学年

5　内　　容　　児童の生活及び学習等について
お子様の学校生活やご家庭の様子などの情報交換をとおして、担任と保護者の皆様との共通理解を深めていきたいと考えております。

記入欄に必要事項をご記入の上、9月18日（金）までに担任にご提出くださるようお願いいたします。

・・・・・・・・・・・・・・・・・・切り取り線・・・・・・・・・・・・・・・・・・

個人面談申込票

年　組　番　児童氏名　　　　保護者氏名　　　　様

7日(水)	12日(月)	14日(水)	19日(月)	21日(水)

いずれの日も可(○)

希望される日に○、ご都合が悪い日に×をご記入ください。
時間は担任が調整しますのでご協力ください。

面談は以下の日程で行います。

日（　）	～

時間内にお話が終わらない場合は、後日改めて時間を設定することも可能です。

図5　プリントによる個人面談のお知らせ

希望する日に○、都合が悪い日に×をつけ、いずれの日も可能な場合は右端の空欄に○をつけて提出し、日時が決まったら下の空欄に担任が記入して返すというシステムです。しかし、アミールさんは可能な日に○をつけ、下の日時に一番都合のいい日と時間を書いて提出すると認識していました。

「いずれの日」という意味や、「可」は「可能」つまりOKという意味の略であることもわからなかったので、ここでそれぞれについて説明し、「いずれの日も可」の意味を理解してもらいました。これで、どの日も可能な場合には左の5つの欄には書く必要がないということがわかります。また、「時間は担任が調整しますのでご協力ください」は「日時は担任が決める」ということであることを理解することも難しいものでした。逆に都合のいい日時を決めて保護者が知らせるものだと思っていたのです。そのときのやりとりは以下のようでした。

T：アミールさんの都合はどうですか

A：21日

T：他はダメ？

A：いや、大丈夫。私と妻、忙しくない。

T：どの日も大丈夫？

A：大丈夫だと思います

T：じゃ、ここ（右の欄）に○してください

A：はい、わかりました。

T：そして下には何も書かないでください

A：下は書かない?!

T：はい、書きません。日にちと時間が決まったらここに先生が書いて、またこの紙をもらいます

A：…先生、決まります。

T：そうです、先生が決めます

A：そうですか…

T：ちょっと難しいですね

A：ちょっとシステム難しい…私の考え方はこの日は決めて、時間は決

めて、切って学校に送ります。

このように切り取り線で切って、日程を調整する学校の方法は外国人保護者にとって非常に難しいシステムであることがお分かりいただけるかと思います。

6 おわりに

今回学校文書を一緒に読むことによって、外国人保護者にとって、学校文書を読んで理解するということの難しさを改めて感じました。アミールさんやラシャドさんのように基本的な日本語力を身につけていたとしても学校特有の言葉や文化があるのでその理解は容易ではありません。一方、アミールさんとラシャドさんとは、その文書の「内容」だけではなく、「言語（日本語）」や「学校文化（異文化）」も学ぶことができました。外国人の保護者は仕事や育児で忙しく、日本語や日本事情を勉強するという時間がなかなかとれない人も多いです。アミールさんやラシャドさんのように、生活に必要な日本語が理解できる方であれば、このような学校文書を使って勉強するのもひとつの方法かもしれません。このように「内容」と「言語」を同時に身につけていくアプローチを「内容言語統合型学習（Content and Language Integrated Learning）」といいます。頭文字をとってCLIL（クリル）と呼ばれるこの教え方は1990年代半ばに、ヨーロッパ（EU）がこれまでの歴史を踏まえて提唱した、複言語主義、言語と文化の多様性の保全、平和構築の必要性から生まれました。「内容」「言語」「思考」「協学／異文化理解」の4つの側面を深めることを目指すという点が特徴的なアプローチであるCLILは、多様な言語や文化をもつ人たちが学ぶ新しい方法の一つであるように思います。

同じ社会の一員として子どもを育んでいく仲間の中には、多様な文化背景や言語を持つ人がいることを、教育現場の人間も、保護者も、地域も忘れてはなりません。外国語で文書を作成するのは難しくても、誰にでもわかる「やさしい日本語」で書き換えることはそう難しいことではないと思います。学校文書も多様な言語や文化背景を持つ人に寄り添ったものになっていくことを期待します。

尚、アミールさんは現在無事に就職でき、日本のIT企業で発展途上国の子どもの教育支援をする仕事をしています。支援される側から支援する側へと変わったのです。

まとめ

◉保護者の中には避難民や難民のバックグラウンドの方もいる。

◉たとえ個々の語彙の意味が分かっても、学校文化を知らないことによって理解できないことがある。

◉学校文書を使って日本語の勉強や文化を学ぶこともできる。

マイナスを埋めるだけではなくて

― 教室を多様な音でいろどる活動をしよう ―

山本冴里（山口大学）

1 ある意味、どうでもいいんですよ

数年前に、ある中学校の教頭先生と話していたときのことです。私はふと、その中学校に、外国にルーツを持つ生徒が何人くらい通っているのかと尋ねてみました。その時かえってきた答えがこれです。

――それは個人情報ですからね、聞けないし、聞かない。日本以外の国にいたかとか、親がどうとか、他の言語がどうとか、そういうことは、ある意味、どうでもいいんですよ。

にこやかに談笑していたのに、突然、色をなしてこんなふうに言われて、なにが起こったのか、とっさに理解できませんでした。同席していたもうひとりの先生が、背筋をのばして、「学校には関係がないことです」と付け加えます。私はたじろぎ、かろうじて「そうですか」と流して、話題は他にうつっていきました。それから数年たちますが、あの時の違和感は、今も私のなかにしっかりと残っています。そして、同時に感じた疑問は、むくむくと大きくなるばかりです。

ほんとうにそれは「個人情報」で、「個人情報」ならば決して触れてはいけないことなのでしょうか？「学校には関係がな」く――そればかりか、「どうでもいい」ことなのでしょうか？

2 〈公平〉であることを求めて？

私は教頭先生たちの言葉に内心強く反発しましたが、冷静になってみれば、もしかしたらそれは私怨じみた感情だったかもしれません。というのも、じつは、私自身も、外国にルーツを持つ子どもたちを育てているからです。母親の私は日本生まれで日本で育ち、日本語を母語として身につけていますが、子どもたちの父親は、生まれた場所も育った場所も、母語も異なっています。父親側のルーツを「どうでもいい」とされることは、この子たちのなかの大切な部分を「どうでもいい」と否定されるも同様に感じます。

私はその後、折に触れてこの「どうでもいい」を思い返すようになりました。ほんとうのことを言うと、はじめは、「絶対にどうでもいいはずなんてない」と、教頭の言うことには一理もなく、自分ばかりが正しいと思っていました。しかし、繰り返し考えるうちに、あるとき、「どうでもいい」と捉えるその前提や背景に、どのような状況・考え方があるのかを、想像してみることを思いつきました。すると、はじめはおおいに不服だったこの発言も、一貫性と相応の妥当性を持つ視点から発せられたものだったのかもしれないと感じられるようになってきたのですから、不思議なものです。

その視点とは、公平性です。日本の公立小中学校は、きわめて公平性を重視する場所です。そこには画一化につながったり、足並みそろえるために各種の無理が重ねられたりするという問題もありますが、少なくとも学校にいる限りは、各種の格差はあまり目立ちません。家庭内の様々な多様性は、公立小中学校では捨象されます。

「家庭環境がどうあろうと関係がなく[1]、学校ではおなじ給食を食べ、おなじように教えられる」というのは、もちろん、とても大切なことであり、教頭先生の「どうでもいい」は、このような公平性に大きな価値を置

1　ここでの「家庭環境」には、どのようなルーツを持つかということだけではなく、経済状況、保護者の人数など様々なものが含まれます。

いた結果の発言だったのかもしれない、と思いました。

しかし「おなじ給食を食べ、おなじように教えられる」機会を得られることが、結果として「おなじ教育を受けたこと」に、そして「おなじ待遇を受けたこと」を保証するか、というと、決してそんなことはありません[2]。このことは、外国人児童生徒の極めて高い不就学率が裏付けています。どのくらいだと思いますか？　文部科学省（2020）の数字から計算すると、「学齢相当の外国人の子供」の不就学率は、なんと15～18％もの高さだそうです。どうにか高校に入学を果たしたとしても、日本語指導が必要な状況であったとしたら、そうした生徒たちの中退率は、全高校生と比較して約7.4倍になりますし、就職しても非正規職が多く、進学も就職もしない人もまた相当数にのぼります（文部科学省総合教育政策局, 2019）。

3 想像することで相手を想える

しかし、だからといって、結果の公平を保証するような教育を行う、というのはおそらく難しいでしょう。いま目指すことができるのは、そうした結果そのものではなくて、プロセスや結果の公平性をまわりから支える視点や雰囲気なのではないか、と私は考えています。

その視点や雰囲気を作るために、私は、教員免許状更新講習などを担当する場合に、参加の先生がたに体験していただくことがあります。「わからない言葉で行われる、小学校の算数の授業に参加する」というものです。日本語のおぼつかない子どもたちが、日々、学校でどのような経験をしているのか――それを、わずかな時間ながら、感じていただく体験です。

まずは先生がたにペアを組んでもらい、ペアのなかでAとBとに分か

2　本書の興味関心から、「外国人児童生徒」「日本語指導が必要な（児童生徒）に話題をしぼっていますが、「『おなじ給食を食べ、おなじように教えられる』機会を得られることが、結果として『おなじ教育を受けたこと』に、そして『おなじ待遇を受けたこと』を保証するわけではない」、ということを証だてる例は、他にもいろいろ考えられます。

れてもらいます。A さんたちに顔を伏せてもらった状態で、B さんたちに「私（本章筆者）が何気なく耳をさわったら、大きな声で『はい！』と言って手を挙げてください」と書いたスライドを見せます。見せるだけで読み上げることはしませんから、顔を伏せている A さんたちは、この指示を知らないことになります。

そのうえで、テキストとしては、川崎市総合教育センターがウェブページに掲載している「算数 6 ヶ国語対訳集」を用い、先生がたに学習経験のないだろう言語、しかも全員が学習経験を持っているだろう英語からの類推が比較的困難な言語（たとえばタガログ語）で、1 年生から 6 年生まで、様々なレベルの小学校算数の問題を提示していきます。同時に私は、おなじく先生がたに学習経験のない言語で、提示している算数の問題についての授業をはじめます[3]。

授業を行うなかで、私は何度か何気なく耳をさわり、そのたびに B さんたちが「はい！」と大きな声で答え、手を挙げてくれます。

たった 4、5 分の授業なのに、「じゃあ、終わります」と私が日本語に戻ったとたん、先生がたは大きな息をつかれることが多いです。時には、安堵のせいか、一時的に、放心したようになってしまう方までいらっしゃいます。

この活動はとくに、A さんたちにとって、つまり「何気なく耳をさわったら、大きな声で『はい！』と言って手を挙げてください」という指示を見ておらず、したがって、なぜまわりの人（B さん）たちが挙手しているのかわからない、という状態に置かれた先生がたにとって、意味を持つ経験になるようです。

「（教師が）そばに来て、何か言いながら目をあわせてきたとき、どうしよう？　とパニックになった」という方、「最初は（教師の説明を）理解

3　私は、日本語・英語以外に、ある程度フランス語と中国語ができますので、そのどちらか（先生がたのあいだに学習経験者がいないほう）で授業をします。ここで肝心なのは「教師の話していることがまったく理解できない」という状況であり、それが何語なのか、ということは重要ではありません。したがって、フランス語の場合にも中国語の場合にも誰かが聞き取れる、という時は、適当な音をそれらしくでたらめに並べる、という方法を取ることになろうかと思います。

しようとしていたけれど、すぐにあきらめてしまった」という方、そして「逃げたい気持ちになった」という方。先生がたは、

・この時間は長くても5分しか続かないことをあらかじめご存知で（活動の所要時間については、事前に知らせています）、
・ほんとうは教師役（本章筆者）とご自分のあいだに共通言語（日本語）があることもわかっていて、
・小学校の算数自体は（それをはじめて習う子どもたちとは異なり）当然理解できている

というように、実際の子どもたちと比べて、いくえにも有利な状況にあります。それでもなお、ストレスのかかる活動だったようです。Aさん側の立場でこの活動に参加された、ある先生は、「途中で、算数の問題を理解しようとするのをあきらめてしまったのですが、あきらめてしまったあと、私の教室にいた、あの子はどんなふうに感じていたんだろうと、想像するようになりました」とおっしゃっていました。そして、「想像することで相手を想えるんですね」と。この節のタイトルは、その先生の言葉から頂いています。

4 英語以外の言語

「子どもたちが大変なのはわかった、けれど自分には英語はできないし、手伝ってあげることなんて……」と、尻込みしてしまう方もいらっしゃるかもしれません。

しかし、公立学校に在籍する「日本語指導が必要な児童生徒」のうち英語圏の出身者はごく少数で、じつは3％にも満たない数です（文部科学省総合教育政策局 2019）。学校に来る「日本語がぜんぜん／ほとんど／あまり通じない」子どもの中に、英語なら問題ないよという子は、実はほとんどいないのです。保護者だって（多少英語のできる人は多くなるかもしれませんが）同様です。

子どもたちに、「なぜ英語を学ばなければならないか」という質問をされたことがありますか？　ある先生は、「国際理解のため」「世界中の人と話せるようになるため」と答えたそうです。その先生の働く校内には、英語を母語とする生徒はひとりもいませんが、ベンガル語（バングラデシュの公用語）を母語とする生徒は在籍していました。この生徒は、「英語ができても（バングラデシュに暮らす）ぼくのおじいちゃんと話せない」「国際理解が大切って言うけど、だれもバングラデシュのことを知らない、興味もない。ちょっと怖いとか言う」「国際理解が大切っていうなら、みんなだって、先生だって、ベンガル語を勉強してくれたらいい」と、そう言います。

冒頭の教頭の言葉を借りれば、ベンガル語のことなど「どうでもいい」「学校には関係ない」ということになるでしょうか。でも、私は、この生徒の言うことは、まったくもって筋が通っていると思います。みなさんはどうでしょうか。非現実的すぎると思いますか？　英語でさえ十分にできないのに、ベンガル語なんて（あるいは英語以外のどの言語だって）、学校で教えられるわけがない、そんな科目は規定にない、指導要領だってない、入試にも関係がない、誰もそんなの話せない……と。そういう反応になるのは当然かもしれません。

では、もしも、特別な予算や大幅な規定の変更をせずとも、ベンガル語（や他の言語）や関連する文化的背景を活用できる方法があったとすれば、やってみたいと思われますか？

5 言語への目覚め活動

私は、言語への目覚め活動（Eveil aux Langues/ Awakening to languages）と呼ばれる活動に、可能性を感じています。これは欧州で考案されて大きな広がりを持つようになった活動で、つねに複数の言語を扱いますが、そのなかには、ほぼ、どのような言語でも含みこむことができます。また、教師側が扱う言語について習熟している必要はないことから（ベンガル語の学習経験が無い先生も、言語への目覚め活動のなかで、ベンガル語を扱うことができます！)、通常、学校で教えられる言語ではない言語も扱うことができ、扱うことによって、つまりそれだけの価値があるものと見なしているよ、という学校側の態度を示すことができるのです。

とてもシンプルな活動例をひとつ、紹介します。表1は、一週間の曜日を、日本語のほか、ポルトガル語、中国語、フィリピノ語、スペイン語、ベトナム語で記したものです。この例では、日本の学校に在籍する、日本語指導が必要な外国籍の児童生徒の母語として多いトップ5の言語を挙げましたが、実際には、学級に日本語以外の母語を持つ児童生徒が在籍しているのならば、何であれその言語を使うと良いと思います（色々な言語で、曜日をどのように表すか、ということは、インターネットですぐ調べられます)。

下準備：言語名以外の部分を切り取り、カード化する。全42枚のカードを混ぜておく（グループ活動で行う場合、グループの数だけ同じものを用意して、封筒などに入れておく)。

表1　曜日の書き方

日本語	ポルトガル語	中国語	フィリピノ語	スペイン語	ベトナム語
月曜日	Segunda feira	星期一	Lunes	Lunes	Ngày thứ hai
火曜日	Terça feira	星期二	Martes	Martes	Ngày thứ ba
水曜日	Quarta feira	星期三	Miyerkules	Miércoles	Ngày thứ tư
木曜日	Quinta feira	星期四	Huwebes	Jueves	Ngày thứ năm
金曜日	Sexta feira	星期五	Biyernes	Viernes	Ngày thứ sáu
土曜日	Sábado	星期六	Sabado	Sábado	Ngày thứ bảy
日曜日	Domingo	星期天	Linggo	Domingo	Chủ nhật

1. 教師：ここには、6言語で曜日が記されたカードがばらばらになっていることを言い、よく観察して、この42枚（6言語×7曜）のカードを、6グループに分けるよう指示する。
2. 児童生徒：観察と比較を通して、カードを6グループに分ける。
3. 教師：この6言語が、日本語のほか、ポルトガル語、中国語、フィリピノ語、スペイン語、ベトナム語であることを告げ、どのカードグループがどの言語になるかを推測するように言う。

4. 児童生徒：どのカードグループがどの言語なのかを推測し、根拠とともに発表する。

ここまでが基本の形ですが、この後の発展は様々な形が考えられます。たとえば中国語にフォーカスする場合、どの言語が中国語か、ということを見つけるのは簡単でしょうから、次には、「日、月、火、水、木、金、土の順に並び替えてみてください」と指示をするのはどうでしょうか。すべてに共通する「星期」が「曜日」を指すものだと仮定すると、残るは「一～六」の数字と「天」の漢字です。「おそらくは日曜日が特別なので、『星期天』」と推測したうえで、「星期一」「星期二」「星期三」……と並べていくのは、小学校中学年以上でしたら、十分に可能な活動です。

次にポルトガル語に注目してみましょう。7枚のカードのうち、5枚にまで共通しているのは「feira」です。「特別なものは土曜、日曜」という推測はできるでしょうから、「Sabado」と「Domingo」のどちらかが土曜、どちらかが日曜として、残る5枚はどう推測すればよいか。方法は色々ですが、たとえば教師がそこで、「Segunda feira」が「月曜日」であることを言い（児童生徒のなかで、ポルトガル語につながりがある人がいて、知っていればこれを言ってもらい）、英語を少し学んでいる学年なら「Segunda」と似ている英語はないかと問いかけます。「Second」が、見つかるでしょうか。共通部分の「feira」が曜日を意味するなら、「Segunda feira」は、「2番目の曜日」です。月曜日＝2番目の曜日なら、火曜日は何でしょう？ 3番目の曜日？ そうすると、英語のThirdと近いものを探せば…のように、話をどんどん発展させていくことができます。

ところで、こうして推測した言葉の意味を、辞書などで確認してみると、時に面白い発見があります。「曜日」と推測したfeiraは、実は「市場」を意味するそうです。「2番目の市場＝火曜日」、「3番目の市場＝水曜日」、なのですね。フィリピノ語とスペイン語の曜日は、かなり近いです。Lunesの語源は月（三日月）ということから月曜日の「月」との関連を考えさせることもできれば、そこから世界史の話につなげることもできます。

一番難しそうなのはベトナム語でしょうか。発音はできなくても、観察をすれば、Chủ nhật 以外は、Ngày thứ という部分が共通します。ということは、おそらく「Chủ nhật」は日曜日ですね。「Ngày thứ」部分は共通するので「曜日」のような意味だとすると、残る hai、ba…などの部分は何でしょう？ 調べてみると（日本語で調べても、インターネットですぐ出ます）これは、2、3…などの数だということがわかります。

最後に、曜日を表すために、様々な言語でどのようなロジックが使われているか、ということをまとめてみましょう。表 1 にある 6 言語の場合、フィリピノ語、スペイン語、それに日本語も「月、火星、水星、木星」といった、星の名前を利用しています。英語も同様です。

一方、ポルトガル語、中国語、ベトナム語は、日曜日など特別な曜日を除けば、数を利用しています。ただし、数えはじめる起点が異なり、ポルトガル語とベトナム語では、月曜日＝2 番目で、中国語では、月曜日＝1 番目です。したがってその後も 1 つずつ、ずれていきます。

さて、これで言語への目覚め活動の具体的なかたちを、イメージしていただけたでしょうか。どの言語を扱い、どの学年を対象に、どのような方法を採るにしても、キモになるのは観察と比較、推測、推測した内容の言語化です。また、ここでは曜日を例に挙げましたが、1 月〜12 月で同様の活動をすることもできますし、曜日や月でなくとも、実施可能な方法はたくさんあります。表 2 には、そんな方法について紹介したり、実践について報告したりしている書籍や資料をまとめました。

表 2　言語への目覚め活動　関連資料

著者	資料名、出版社など
大山万容	『言語への目覚め活動―複言語主義に基づく教授法』くろしお出版
山本冴里	「いくつもの言語とともに―複言語主義」有田佳代子ほか（編）『多文化社会で多様性を考えるワークブック』研究社，第 17 章
山西優二ほか	多言語・多文化教材研究 http://www.waseda.jp/prj-tagengo2013/blog/html/pages/kaihatsukyouzai.html
ヨーロッパの多くの先生がた	CARAP/FREPA Teaching and learning materials https://carap.ecml.at/Database/tabid/2313/language/en-GB/Default.aspx　欧州評議会現代語センター

幼稚園や小学校の低学年であれば、表1のようなワークシートなど用意せず、絵本の読み聞かせひとつでも楽しいものです。ポルトガル語の絵本を持っていない？　だいじょうぶです。たとえば『おおきなかぶ』や、『はらぺこあおむし』は、何十もの言語に翻訳されていますから、保護者がストーリーを知っているかもしれません（もし保護者がストーリーを知っているなら、子どもたちに見せるのは、日本語版だってかまわないのです）。幼い子どもたちにとって、自分の知らない物語を、知らない言語で聞くことはとても難しい（集中しにくい）ですが、よく知っている物語を知らない音で聞くのは、おもしろい経験なのです。『おおきなかぶ』の蕪を引くときの音、「どっこいしょ」「よっこらしょ」のようなオノマトペは、繰りかえされるうちに、きっと子どもたちが真似しはじめますよ。

自分は読めない？——だいじょうぶです。

6 外国人保護者にも、協力してもらう

言語への目覚め活動や、絵本の読み聞かせなどをおこなうときには、必要に応じて、外国人保護者にも協力を求めましょう。とくに幼稚園や小学校低学年のうちは、音が大切です。にもかかわらず、知らない言語の音声というものは、（調べればすぐわかるし、コピー＆ペーストもできる）文字と異なって、比較的見つけにくく再生もしづらいことから、保護者の方のご助力はとても貴重です。そしてここに、逆転現象が起こります。なぜならそこでは、外国にルーツを持つ子どもや保護者は、いつものように支援される側に位置づけられるわけではなく、むしろマジョリティの子どもの学びを手助けする、頼もしい支援者となるからです。

「でもどうやって？　英語もおぼつかないのに……保護者の方も、あまり英語ができないのでしょう？　協力を依頼するやりとりなんて」と、お思いになりますか？　だいじょうぶです。幼稚園や小学校低学年というのは、教師と保護者が頻繁に顔をあわせる時期でもあります。身振り手振り、笑顔といった非言語コミュニケーションと、スマートフォンの自動翻訳で、たいていのことはなんとかなります。

たとえば、私は、韓国語をまったく習ったことのない状態で韓国に行ったとき、お土産を買いに入ったドラッグストアで、店員さんと互いにスマートフォンを使ってリアルタイムで翻訳しながら、いくつかの情報をやりとりした、買い物をしました（表3）。店員さんも、このとき、口頭では日本語を使いませんでした。

表3　韓国のドラッグストアでのやりとり

筆者から店員へ（スマホ使用で韓国語表示）： 顔用のおすすめのパックはどれですか？ 5種類おすすめしてください。2つずつほしいです。あわせて10ほしいです。
店員から筆者へ（スマホ使用で日本語表示）： おすすめはこれです。（こちらのシリーズは、と身振りで示したうえで）ナチュラルな香りがあって人気があります。（こちらの棚は、と身振りで示して）においがありません。
筆者から店員へ（スマホ使用で韓国語表示）： （選んだ10パックをかごに入れて、2つに分けて）この2つを、それぞれ、プレゼント用に包んでください
店員から筆者へ（スマホ使用で日本語表示）： わかりました。おまけに試供品があります。化粧水とファンデーションとベースカラーのなかで、どれがいいですか。えらんでください。（試供品の実物を見せながら）

単純といえば単純ですが、でもこれだけのことが、スマートフォンひとつでやりとりできてしまいます。「○○語で、この本を、子どもたちに読み聞かせてほしい」「手伝ってくれませんか?」「○月○日はどうですか?」といった表現のほうが、ここでの顔パックをめぐるやりとりよりもさらにシンプルですから、心配することはありません。

「マイナスを埋める」こと、「プラスを可視化する」こと

そうはいっても、学校での先生がたの日々のご負担は、もちろん大変なものだと思います。そうでなくてもお忙しいなか、「スムーズに通じる、理解される、問題なく進めることができる」児童生徒や保護者ばかりなら

ば話がはやいのに、なかに1人でも「日本語が（あまり）通じない、あるいは、日本語が通じているようでいてどこかズレている、ひとつひとつに確認が必要になる……」といった人がいると、確かに手間はかかります。しばしば先生がたのあいだから、「すごく大変」「日本語ができるようになってくれたらいいのに」という声が聞かれますが、そう感じられるのも当然です。

しかも現在の公立小中高校の先生がたの多くは、教員養成の過程で、そうした子どもたちや、保護者との関係について学ぶ機会を持っていません。ですから、どうしても手探り感や負担感が強くなります。「日本語が（あまり）通じない、あるいは、日本語が通じているようでいてどこかズレている、ひとつひとつに確認が必要になる」子どもや保護者への対応は、決して「やれて当然」のことではありません。だからこそ、現在、日本語／文化以外の言語文化に（も）深いつながりを持つ子どもや保護者に関する研究の多くは、支援対象を日本語能力が不十分な子どもや保護者＝マイノリティに焦点化し、彼らの日本語／文化に関する知識や実践経験の欠如をどのように支えるか、いわば「マイナスをどのように埋めるか」ということがらを重視する点で共通します。

そうした、「マイナスを埋める」研究や実践知の積み重ねが、緊急で、しかも重要だということには、私も強く同意しています。けれどその一方で「マイナス」ばかりではないはず、ということも、思われてなりません。そうした保護者や子どもたちは、移動を経験してきたからこその「プラス」も、ほんとうは持っているはずなのです。

そうした保護者や子どもたちが、「プラス」として持つもの（日本語以外の言語資本、文化資本）が教室で可視化されずにあるとしたら、それはあまりにも残念なことではありませんか？

すでに述べたとおり、日本語・英語以外の言語は、日本の学校教育現場では、使われることも、ほとんど評価されることもありません。たとえばベトナム語やネパール語の知識やスキルがあったとしても、「入試」では、まったく役には立たないでしょう。したがって、外国にルーツを持つ子どもたちの言語は（英語をのぞけば）、「プラス」ではなくまったく見えないもの、「どうでもいい」ものとなりがちです。彼／彼女らの主たる言語は活用されず、見せ場も持たないままなのです。

もちろん「マイナスを埋める」支援をすすめることは必要ですが、つねに支援されてばかりの人間が、自分と支援の必要のない人々を対等だと感じることは難しいですし、支援者が善意で行っていることが、時には「あなたの存在はマイナスなんだよ、負担なんだよ」という隠れたメッセージを伝えてしまうこともあります。

それに、日本語以外の言語を「どうでもいい」と切り捨てること、つまり「あなたの言語には価値がない」というメッセージを送ることは、鋭い刃となって、心に突き刺さることもあるのです。というのも、とくに母語、第一言語は、幼い頃からのまだ自分で選びとることはできなかった環境での記憶と、密接に結びついているからです。このことは過去の著作（山本 2022）で詳しく書きましたが、「あなたの言語には価値がない」というメッセージは、同時に、「あなたの過去に、幼い頃をともにすごしたまわりの人たちに、価値がない」という暗いつぶやきを伝えます。

ですから私は、外国にルーツを持つ子どもたちやその保護者が「プラス」として持つ他言語を可視化し、価値づける機会を教室で作ることは、とても大切だと思います。そして、言語への目覚め活動は、その「どうでもいい」を、価値ある「プラス」として可視化するための方策になり得るものだと確信しています。

8 まだ可視化されていないものが、教室のすべての子どもにとって、宝になるかもしれない

最後に、言語への目覚め活動によって、あるいは類似の活動によって、子どもたちは何を得られるのか、ということを、整理しておきましょう。

まず、外国にルーツを持つ子どもたち、なかでも特別な日本語指導が必要な子どもやその保護者が得られるものは、何でしょうか。それは、非対称的な関係になりがちな「支援対象」として向けられるまなざしとは異なる、頼られ、認められ大切にされているという感覚です。また、「他の子が、わからない答えを自分に聞いてくる」という、彼らにとっては日本の学校でかつてない経験をすることも、あるかもしれません。

もし皆さんに学齢期のお子さんがいらっしゃる場合、そしてご家族が、ほとんど言語／文化が未知の場所で暮らすことになったとき、その場所の学校の先生がたが、日本語に興味を示し、尊重し、マジョリティの子どもたちに日本語を紹介する機会を作ってくださったとしたら。あるいは、「まわりのみんなはわかっているのに、じぶんは、わからない」ことばかりに追い詰められがちな教室の時間に、「じぶんは、わかる。みんなに頼りにされる」経験をさせてくださったら、それは、忘れられない一時になるのではないでしょうか。

自分の子どもが、大切にされている――そう感じられることこそが、保護者にとっては、なによりの信頼と安心のもとなのですから。

さらに、こうした活動は、当人ばかりでなく教室のすべての子どもにとって、宝となる可能性もあります。というのも、言語への目覚め活動の目的は、そこで扱う言語の習得そのものではなく、子どもたち自身がすでに持つ言語を相対化したり、自己や他者の言語を尊重したり、言語を学ぶスキルを身に付けたりできるようにすることだからです。

ヨーロッパでは、言語への目覚め活動の大規模な実証実験の結果として、こうした活動を通して、子どもたちが、他言語に対して否定的でない反応をするようになること、とくに音声に関してその傾向が顕著であること、言語活動を観察し考察するといったメタ言語能力が養われることなどが報告されています（Candelier 2003）。

すべての子どもたちはこの先、学校を出たあとにも、ますます複雑化し多様化する言語状況のなかを生きていくことになります。外国にルーツを持つ子どもたちやその保護者が持つ「プラス」を活かした活動は、そんなとき、自分がわからないと感じる言語にどのようにアプローチするか、そうした言語をつかう人とどのように関わるか、といったことを学んでいくための絶好の機会です。

小熊（1998：194）の述べるように、「平等は独自性の圧殺に、そして独自性の尊重は差別に、それぞれ容易にすりかわって」しまいます。もしも柔軟にその間隙を縫い、教室のすべての子どもにとって価値ある経験を織りあげることができるとしたら——織りあがった美しい布を、見たいと思いませんか。

まとめ

◉日本語、英語以外の言語は「どうでもいい」わけではない。
◉教室にいるみんなにとって、宝になる可能性があります。
◉他の言語がわからなくても、その言語を使った活動はできます。
◉「言語への目覚め活動」を体験してみてください。外国人保護者にも、手伝ってもらいましょう。

引用文献

小熊英二(1998)『〈日本人〉の境界—沖縄・アイヌ・台湾・朝鮮　植民地支配から復帰運動まで』新曜社

川崎市総合教育センター「算数6か国語対訳集」
https://kawasaki-edu.jp/index.cfm/19,885,66,html (2023年2月17日閲覧)

文部科学省(2020)「外国人の子供の就学状況等調査結果(確定値)について」
https://www.mext.go.jp/b_menu/houdou/31/09/1421568_00001.htm (2023年2月17日閲覧)

文部科学省総合教育政策局(2019)「日本語指導が必要な児童生徒の受入状況等に関する調査(平成30年度)」の結果について」
https://www.mext.go.jp/content/20200110_mxt-kyousei01-1421569_00001_02.pdf
(2023年2月17日閲覧)

Candelier, M., 2003, *L'éveil aux langues à l'école primaire Evlang : bilan d'une innovation : européenne*, De Boeck Supérieur

CARAP/FREPA, *Teaching and learning materials*
https://carap.ecml.at/Database/tabid/2313/language/en-GB/Default.aspx (2020年9月10日閲覧)

学校プリント作成時のチェックリスト
―配る前に確認を―

阿部瑞樹・石井南穂・河崎圭司・白神則生・清家嵩仁・松浦天観・山本冴里

（山口大学）

学校をふくめ、一般に、日本の公的機関は、日本で暮らすことにも日本語での情報受信にも慣れていない人たちに、情報を伝えるためのスキルを十分には持っていません。情報を出す側だけが変わればいいというわけではありませんが、発信者側が情報を出すときに幾つかのポイントに気をつけるだけでも、理解の食い違いの可能性を大幅に減らせることをご存知でしたか？

学校プリントを作るとき、どんなことに気をつければ、もっと伝わるものになるでしょうか？

表１は、「公的機関が、担当者個人の経験に関わらず、有効な情報作成・発信ができるように」ということの実現を目指して作ったチェックリストの一部です（付録４を参照）。チェックリストのなかから、保護者宛ての学校プリント作成時に特に使えそうなものを、ピックアップしてあります。

表１　外国人向けの情報作成及発信のためのチェックリスト（一部）

どんな時？	チェック項目＆例
掲載内容を決めるとき	同一の事物に対する概念が国や人により異なる可能性があることを考慮したか ：「給食は残さず食べましょう」という表現について。宗教上、あるいは文化的な理由から、家庭では「食べるべきではない」と教育されるものもあります
特定の対象に向けたとき	誰に向けられた情報なのかが一目で分かるようにしたか ：保護者全員が何らかの行動をしなければならない情報でしょうか、興味を持った人だけを対象とした情報でしょうか
伝え方を考えるとき（「やさしい日本語」の作り方を参考にしています）	一文を短くしたか
	結論を先に述べたか
	カタカナ語を避けたか
	日本特有の用語（クーピー、自由研究など）には、説明をつけたしたか
	受身形、否定形を多用してないか
	主語と述語は明記され、なおかつきちんと対応しているか
	絵のほうがわかりやすい情報であれば、文字情報に加えて、イラストも使ったか ：たとえば農場訪問などの「動きやすい服」とはどのような服でしょうか
誤解をふせぐために	日本語と外国語を併記する際は、翻訳であることが推測できるよう工夫したか ：とくに中国語併記の際の漢字表現に注意が必要です。たとえば「かばん」は中国語で「包」ですが、単純に「かばん（包）」と書いてしまうと、「包」の部分が、日本語を母語とする話者にとっての混乱をまねく可能性があります
	元号ではなく西暦を使用したか。年月日の表記方法を省略していないか。時間は24時間表記にしたか ：R3.10.1　6時　→　2021年10月1日　18時

このほか、特別な持ち物について知らせるプリントには、右上にかばんのアイコンをつける、特別な日程について知らせる場合には時計のアイコンをつけるなど学校内でルールを決めておいて、事前に保護者に知らせることも効果的です。

日本の学校に慣れない保護者と、どのように伝えれば伝わるのか、そもそも何が伝わらないのか確信できない先生とのあいだを埋めていくために、このチェックリストを活用していただければ幸いです。

多文化共生社会の構築に向けて

李暁燕（九州大学）

福岡市博多区吉塚に、外国人居住者との共生と共修を目指す「リトルアジアマーケット」があります。その近くにある西林寺の住職でこのリトルアジアマーケットのプロジェクトに関わっていらっしゃる方に、直接お話を伺ったことがありました。プロジェクトは2020年9月に経済産業省の「商店街活性化・観光消費創出事業」に採択され、3ヶ月後には吉塚商店街は「吉塚市場リトルアジアマーケット」としてリニューアルオープンしたということです。住職をはじめとする関係者の強いリーダーシップの働きだと思いますが、地元の温かい人情があったことも寄与しているでしょう。ただし、そのようなありがたい環境でも、外国人と一緒にマーケットを作るという話を聞くと、「それならもう行かない」という地域の方もいたそうです。

移民社会ではないとはいえ、労働力不足でこれからも外国人を受け入れざるを得ない日本社会で、外国人との付き合いは避けられません。「（外国人は）ルールを守らない、マナーが悪い、ゴミ出しが迷惑だ」という話をよく聞きます。しかし、先ほど話したリトルアジアマーケットでは、商店街のトイレを自ら毎朝掃除するミャンマー人がいました。周りの日本人と助け合ってバーを経営しているネパール人がいました。商店街の人々の心

吉塚リトルアジアンマーケット

の支えになるよう、ミャンマーからお釈迦様、インドからガネーシャを持ってきた日本人もいました。マナーやルールは、公式のものではありません。文化的なバックグラウンドから切り離して、絶対に正しいというようなものはないと思います。「～国人」でなく、個人個人のお付き合いとして見直したら、一人ひとりの真心が見えてきます。

大卒者が中心の「高度外国人材」や日系人らは家族の帯同が認められているので、外国人労働者の増加に伴ってその子どもの来日も増えています。2022年3月27日の日本経済新聞によると、日本語指導が必要な児童生徒は21年5月時点で約5万8千人いて、2010年時点の約3万4千人から7割増えたとのことです。外国人保護者は日本語がわからなくてもその子どもに日本語力があれば、子どもを通じて学校側とコミュニケーションが取れますが、日本語力の足りない子どもが6万人近くおり、その家庭と学校側とのコミュニケーションはどうなっているか心配です。

文部科学省の全国調査で、日本語指導が必要な小中学生の5.1%が、本来は障がいのある子どもを対象とする特別支援学級に在籍していることが明らかになりました。2021年6月に特別支援学級に関する手引で、日本語指導が必要という理由で特別支援学級に入れるのは不適切であると明記するなど、文部科学省も対応し始めています。

日本語指導が必要な児童生徒に対する日本語支援は、子ども一人ひとりの状況をよく考えた上で、支援方法及び支援期間について保護者を交えて判断する必要があると思います。一対一や少人数で日本語支援した方がよいケースもあれば、通常のクラスに入れて周りの子どもたちと一緒に授業を受ける方が上達の早いケースもあるなど、子どもによってさまざまです。「因材施教」という『論語』の言葉があります。つまり、教育対象者それぞれの能力・素質に応じて（「因材」）、異なった教育を実施する（「施教」）ということです。

外国に何らかのルーツを持っている子どもの中には、日本生まれや日本育ちで、日本語支援が特に必要ではないにもかかわらず、日本語支援が必要と決め付けられていることもあります。日本語支援室や特別支援学級の予算を獲得するために、そのような支援実績を作る必要があるのかもしれません。しかし、どのようなやり方が子どもにとって最も良いか、学校側にも慎重に判断していただきたいと思います。外国にルーツを持っている子どもたちがそれぞれに合った良い教育を受けることができれば、外国人保護者は安心して日本で働けます。

筆者の娘は小学校中学年のときに石川県の学校から福岡県の学校に転校しました。その際、外国人児童ということで、国語の時間には日本語支援の特別学級に入れられました。日本語支援の学級での学習内容を娘に聞くと、来日したばかりの生徒と一緒に初級レベルの日本語を習っているとのことでした。それはいけないと思って、学校に電話して特別学級の日本語支援ではなく通常通りの国語の授業を受けさせてくださいと、強くお願いしました。家庭内では母語継承のためにやや強制的に中国語を使っていたので、日本語環境は十分とは言えないですが、小さい時から日本で生活している娘は読書が大好きで、日本語力に関して周りの生徒より低いということはないと判断しました。その後、娘は夏休みの作文コンクールに入賞し、中学校を代表して県大会に出場したこともありました。わたしは、当時の判断が正しかったと思っています。

もしも、日本語がわからなくて、学校側とうまくコミュニケーションが取れない親だとしたら、こうした子どもの教育の選択の場面で、正しい判断ができるでしょうか。実際に何年間も日本語支援学級に通っていて、通常の授業に出る時間が減らされている外国籍の子どもがいました。その子の場合は、母国での生活経験はなく、母国語も喋れない状況でしたが、そうした教育環境では日本語も永遠に外国語レベルに留まってしまうでしょう。その子は母国語が話せないので、成人しても母国に戻れない（行けない）と考えられますが、日本ではどうやって生活していけるでしょうか。その子の親は子どもの将来が不安でしかたないのではないでしょうか。同じ外国人児童保護者としてわたしは、そのことを考えるだけでつらい思いになります。

そこで、皆さんにお願いしたいことがあります。外国にルーツを持っている子どもたちを日本の将来に関わる人材として、長い目で見てその子どもたちの教育体制を考えていただけませんか。日本語指導の必要性の有無や、子どもの個性に合わせて指導方法を考慮し、ある期間を終えたら通常クラスに戻すことも視野に入れるなど、周りの日本人児童生徒となるべく変わらない教育環境を提供したらどうでしょうか。

もちろん、日本人に同化させよということではありません。外国にルーツを持っている子どもたちが日本語を学びつつ、日本社会で生きていけるような知識技能を蓄積できる環境、良好な人間関係構築のノウハウなどを周りの子どもと一緒に学んでいく環境を作りませんか。外国にルーツを持っている子どもたちは、いつも支援される側ではありません。母語を続けて学んでいる子どもは、それを活かして周りの子どもたちが言語の多様性に目覚める手助けをすることができます。外国にルーツを持っている子どもたちと日本人の子どもたちとの相互理解が深まれば、日本人の子どもたちにとっても得られるものがあるはずです。持ちつ持たれつ、より豊かで多文化共生の社会につながるのではないでしょうか。

そして、このことは、外国人保護者支援の中心となる事柄ではないでしょうか。日本という外国の地で一生懸命に働いて子育てしている外国人保護者の願いは、次の時代に、自分の子どもが周りの日本人の子どもと同じように、この社会を支えていく一人になることです。自分の子どもを共に育ててくれる教育環境、社会環境が形成されることによって、外国人保護者にとって、日本という外国は第二の故郷になるでしょう。

まとめ

- ◉外国にルーツを持っている児童に対して、日本語指導の必要性の有無や、子どもの個性に合わせて指導方法を考慮する必要がある。
- ◉学校側とうまくコミュニケーションが取れない外国人保護者は、子どもの教育の選択の場面で正しい判断できない恐れがある。
- ◉外国にルーツを持っている児童と日本人児童との相互理解、相互学習が深まれば、互いに得るものがあり、多文化共生の社会につながる。

あとがき

2013年の8月、筆者は、当時の勤務校だった北陸先端科学技術大学院大学（JAIST）の本田弘之先生の研究室で、日本の小学校の話をしながら、本田先生と一緒に学校プリントをA4サイズにそろえてコピーしていました。日本語教員育成コースを担当している本田先生と、当時小学校4年生の娘の母親だった筆者は、小学校の学校プリントに出てくる独特な語彙の話題で盛り上がりました。それが本書に結実する学校プリント研究を始めるきっかけです。

2012年から2015年にかけて、共同研究者やその友人に兵庫県、大阪府、福岡県、福井県の4つの自治体の小学校から学校プリントを延べ810枚収集してもらいました。さらに、2016年から2018年にかけて、大阪府、福岡県、石川県、埼玉県、兵庫県の小学校、大阪府、福岡県の中学校、および石川県の保育園から合計1594枚を収集してもらいました。学校プリントを集めてくださった皆様にここであらためて感謝の意を表したいと思います。特に本書に例として掲示の許可をくださった福岡市立西陵小学校、他、ご協力いただいたすべての小学校に感謝します。

そして、幸運なことに、博報児童教育振興会（現：博報堂教育財団）から研究助成（課題：「生活者としての外国人保護者のための学校プリント研究」代表者：李暁燕）を得て、上記の学校プリントをデジタル化してコーパスというデータベースを構築することができました。これは筆者及び共同研究者たちにとってかけがけのない基本的な研究資料となりました。また、学校プリント研究に対して、科学研究費補助金（課題：「外国人の保護者のための学校配布プリントの研究」課題番号16K13241，2016-2018年度，代表者：本田弘之）による研究助成をいただきました。

博報堂教育財団のおかげで、筆者は学校プリントの研究について国内外の学会で発表することができました。ブダペストで行われた研究会に参加した時に、現地の大学で勤務されている日本人の先生と出会いました。その先生は、ブダペストの公立小学校にお子さんを通わせていました。日本で生活している中国人の私と、ブダペストで生活しているその日本人の先生との間で、外国人保護者と現地学校とのコミュニケーションのあり方という共通の話題で、話が大いにはずみました。それを機にヨーロッパ諸国に住んでいる日本人保護者を対象にして調査することができました。「学校でのプリント配布がほぼない国にいて子どもを育てていると、日本の学校は丁寧だなと思うし、プリントがあると助かることも多いだろうなと思う。ただ、私のような外国人の親が知りたいのはかなり基本的なことであることも多い（卒業式の服装、遠足がそもそもどういう仕組みで行われるのかなど）。そうした基本的な情報は現地人の保護者にとっては必要とは思わない」と書いてくださった方がいました。学校プリントは何のためにあるのか、日本人保護者に必要な情報を伝える機能を保持しながら、外国人保護者に日本の学校教育の仕組みや言語の背後にある学校文化のことなどをどう伝えたらいいのかと、学校プリントの基本に戻って考えるようになりました。こうした経験を通して、研究とは難しい概念をふりかざすのではなく、周りの人々に役立つものにもなれると、当たり前のことですが、気づきました。

本研究は2016年に博報堂教育財団第10回「児童教育実践についての研究助成」優秀賞を受賞しました。日本社会で子育てしながら働いている外国人母親として、研究成果が認められたことで、大変励ましをいただきました。博報財団の審査及び成果発表会の際に、貴重なご助言をいただいた審査員の楠見孝先生（京都大学大学院教授）、針生悦子先生（東京大学大学院教授）、藤森裕治先生（文教大学教授）、本郷一夫先生（東北大学名誉教授）、横山詔一先生（国立国語研究所教授）に感謝の意を表します。

また、この3年間、本書の刊行に向けて共に仕事をしてきたくろしお出版の坂本麻美さん、最終の編集段階でパワフルに助けていただいた市川麻里子さん、執筆者の皆さん、本書の企画段階から校正まで助言してくださった門倉正美先生（横浜国立大学名誉教授）、どうもありがとうございました！

最後に、いつも研究の種とエネルギーを与えてくれる子どもたち二人に感謝します。

本書の冒頭「はじめに」に書いた日本語ができないまま保育園に預けた3歳の娘は、この本の編集に着手した2020年の春に高校生となりました。新型コロナウイルスの影響で入学式がなくなり、休校中に高校から来る学校プリントに書いてある課題では、新型コロナウイルスの感染拡大とそれに関わる社会問題がよくトピックとなっていました。その課題に取り組みながら、娘は、日本社会を良い方向に引っ張って行く人になりたいと言っていました。

国籍はどこであろうが、日本で育っているわたしの娘のような子どもたちが、将来日本を平和で多彩な、希望のある社会にするために貢献してくれることを期待しています。日本の政府や教育関係機関がこのような外国にルーツのある児童とその保護者を支援することは、非常に意義があると思うのです。次の時代こそ、平和で豊かで、みんなが違ってみんなが良いという時代になることを願って、この本の編集作業を終えたいと思います。

2023年3月 福岡にて

編著者　李暁燕

付録1　学校カルチャー語彙に関するアンケート調査（2016年実施）

ご多忙のところご協力いただきありがとうございます。

私は、九州大学大学院比較社会文化研究院の李暁燕です。日本の小学校で配布されるプリントには特有の言葉があります。生活者としての外国人保護者に対する日本語支援のやり方を明らかにするために、その言葉の意味の捉え方に関するアンケート調査を実施したいと思います。アンケートは匿名式となっており、回答者のプライバシーを特定するような項目はありません。回答していただいた結果は、調査・研究以外には一切使用致しませんので、率直なご意見をお聞かせください。

Ⅰ．回答者の個人情報

1. 学年______　2. 年齢______　3. 国籍______

＊留学生にうかがいます。

①来日期間______年　②日本語能力試験______級合格

③日本語学習歴______年

Ⅱ．次の50個の単語は、日本の小学校でよく使う言葉です。その意味として、もっとも適切だと思う選択肢の番号に丸をつけてください。

1. 授業参観

①親が児童の授業の様子を見学すること。

②管理職の先生が学校の授業の様子を見学すること。

③入学前に学校の授業を見学すること。

2. 始業式

①新学期の授業の始まりの式。

②授業開始前の、起立、礼などの号令。

③新学期が始まる前に開く式典。

3. 体操服

①体操をする時に着る服。

②運動をする時の服装。

③体育の授業を受ける時に着る服。

4. 連絡帳

①先生からのその日の連絡を児童が書いて、親に見せて伝えるノート。

②児童の連絡先をまとめた、先生が使う手帳のようなもの。

③学校の用事を連絡するために先生が作ったもの。児童が親に渡す。

5. 懇談会

①児童の親と教師が集まって、話し合いをすること。

②児童と先生が一緒に食事ながら相談などをすること。

③進学について先生と親、先生と児童が相談すること。

6. 修学旅行

①期末テストの終わりに先生と児童が一緒する旅行。

②卒業式の後の旅行。

③卒業前のクラス全員での旅行。

7. 学級閉鎖

①感染症が原因でクラス全体が休みになること。

②感染症が原因で学年全体が休みになること。

③感染症が原因で学校全体が休みになること。

8. 学校行事

①学校で行われたすべてのこと。

②学校が開催したイベント。

③学校から配られる年間スケジュール。

9. 給食費

①児童が親からもらった食事（昼食）の代金。

②学校の食堂が準備したご飯の料金。

③学校で出される昼食の代金で、強制的に集められるお金。

10. 通学路

①家から学校に通う、決められた道。

②家から学校に通う、何通りかの道。

③家から学校や塾、習い事に通うために通る道。

11. 鍵盤ハーモニカ

①小さなピアノに、息を吹き込むチューブがついた楽器。

②ピアノとハーモニカで合奏すること。

③学校のラジオで音楽を放送する人。

12. 自然学校

①自然が豊かなところに設立された学校。

②農場などで農業などについて勉強すること。

③山とかにみんなで行って自然について学ぶ宿泊学習。

13. 個別懇談会

①先生と児童が個別で相談すること。

②家庭訪問。

③先生と親が個別で話し合いをすること。

14. 献立表

①１ヶ月の給食のメニューを書いた表。

②日直の当番表。

③祭りのスケジュール表。

15. 開放プール

①小学校のプールを一般市民向けに開放すること。

②屋外のプール。

③小児童向けの無料で入れるプール。

16. 集団登校

①近所の児童が集団で学校に行くこと。

②仲良しの児童が一緒に学校に行くこと。

③不登校の児童がいなくて、みんなが学校に来ていること。

17. クラブ活動

①クラブを作って自主的に課外活動をすること。

②クラブに入って義務的に課外活動をすること。

③放課後にみんなで遊ぶこと。

18. 家庭学習

①自宅で勉強すること。

②家族で一緒に勉強すること。

③お手伝いなどの、家庭から学ぶこと。

19. 時間割

①一週間の授業のスケジュール。

②一日の授業のスケジュール。

③授業時間と遊びの時間の割合。

20. 委員会活動

①すべての児童が入る児童会の、幹部の活動。

②学年と関係なく上級生の児童が委員会に入って活動すること。

③クラスの代表の委員の活動。

21. 校外学習

①学校外の自宅や塾での勉強。

②工場見学や公園での自然観察にみんなで行く学外での学習。

③児童が自主的に行う課外学習。

22. 避難訓練

①災害に備えての先生による訓練。

②災害に備えての消防士による訓練。

③災害に備えての家庭内での訓練。

23. 給食当番

①給食を作るのを手伝う児童。

②給食の配膳と下膳をする児童。

③給食を作る料理人。

24. 就学援助

①給食費や制服のための金銭的な援助。

②学習を教えて援助すること。

③発達障害などで就学が難しい人をサポートすること。

25. 給食開始

①学校で給食を食べ始める時間。

②学校の食堂がご飯を提供し始める時間のこと。

③学期の中で給食が始まる日。

26. 学級委員選出

①高学年のクラスで、クラスの代表委員を決めること。

②全校のクラスで、委員会のメンバーを決めること。

③各学年で代表委員を選ぶこと。

27. 校区内

①学校のキャンパスの中。

②学校に通うことができる距離の地域の範囲の中。

③学校に通うことができる決められた地域の範囲の中。

28. 学校便り

①通学用のバス。

②休日に学校に遊びに行くこと。

③学校から出される連絡プリント。

29. 蟯虫検査

①児童を病院へ連れて行って蟯虫を検査すること。

②健康診断の一つとして、学校で蟯虫を検査すること。

③自宅で蟯虫を検査して持って行くこと。

30. 給食試食会

①給食のメニューを決めるための試食会。

②児童に試食をさせること。

③児童の親に給食を試食させること。

31. 書き初め大会

①1年生のための、作文を書くための勉強会。

②年の初めに、抱負などを書道で書くイベント。

③児童が初めて文字を書く時にするイベント。

32. 子供会

①子供が集まって遊ぶこと。

②子供が集まって自主的に様々な活動をする組織。

③地域ごとに子供を集めて様々な活動をする組織。

33. 赤白帽子

①体育の授業の時にかぶる帽子。

②通学用の帽子。

③男女別にかぶる帽子。

34. 給食袋

①給食費を入れる袋。

②食堂が出したご飯やおやつを入れる袋。

③給食を食べるための箸とランチョンマットを入れて持っていく袋。

35. プール開き

①学校のプールを学外の人に開放すること。

②１年生が初めて学校のプールを使うときの儀式。

③７月に初めてプールを使うこと。

36. 学童保育

①児童を対象に教育すること。

②児童を虐待などから保護する機関。

③放課後に児童を預かって面倒をみておくこと。

37. 朝読書

①朝、クラスみんなで朗読をすること。

②朝の決められた時間に、教室で個人で読書すること。

③朝早く来て、自主的に校内で本を読むこと。

38. 安全マップ

①通学路や危険な場所をわかりやすく書いた地図。

②災害のときの避難場所や避難経路を書いた地図。

③迷子にならないように、近くの場所を色分けしてわかりやすく示した地図。

39. 手提袋

①図工の作品や図書室で借りた本を入れる袋。

②体操服やおやつを入れる袋。体操服袋のこと。

③水着を入れる袋。プールバックのこと。

40. 自由研究

①自由にディスカッションすること。

②自分の好きなテーマを勉強すること。

③夏休みや冬休みに自分の好きなテーマを研究すること。

41. 世帯配布

①学年ごとに家族の年齢分布を調査すること。

②家族の中の全ての世代にそれぞれ配ること。

③各家族に1つずつ配ること。

42. 職員室

①先生のための休憩室。

②先生のための会議室で、児童は入れない。

③先生がいる部屋で、児童も入ることができる。

43. 職業体験

①児童がいろんな仕事を体験すること。

②児童が小学校の先生の仕事を体験すること。

③児童が自分の親の職業を体験すること。

44. 資源回収

①学校内でリサイクルできる資源を集めること。

②地域で、リサイクルできる資源を集めること。

③家からリサイクルできる資源を持って行って学校で集めること。

45. 習字用具

①漢字を勉強するための電子辞書。

②書道に使う道具。

③漢字を練習するための文房具やノート。

46. 飼育小屋

①学校で飼っている動物を育てる小屋。

②学童クラブで飼っている動物を育てる小屋。

③家庭で飼っている動物を育てる小屋。

47. 自由服

①児童の私服。

②小学校に置いてある、誰でも自由に着ていい服。

③休み時間に着る服。

48. 集金日

①給食費などの振込の日。

②児童が給食費を持って行って払う日。

③児童が募金活動をする日。

49. 道具袋

①鉛筆やコンパス、定規を入れる筆箱のこと。

②体育の授業で使うラケットなどの道具を入れる袋。

③ハサミやノリ、定規などを入れる袋。

50. 上履き

①校内で履く、学校に置いてあるスリッパ。

②児童が学校の建物内で履く靴。

③靴の型崩れを防ぐために入れておくもの。

付録2　学校プリントの読む方法に関するアンケート調査（2015年実施）

ご多忙のところご協力いただきありがとうございます。

わたしは、九州大学大学院比較社会文化研究院の李暁燕です。生活者としての外国人保護者に対する日本語支援の一環として、小中学校で配布されるプリントを分類し、「読まなければならないプリント」を多数のプリントの中から適切に判別するためのストラテジーを明らかにするために、アンケート調査を実施したいと思います。匿名式となっており、回答者のプライバシーを特定するような項目はありません。回答していただいた結果は、調査・研究以外には一切使用致しませんので、率直なご意見をお聞かせください。

Ⅰ．回答者の個人情報

1. 年齢
   ① 20代
   ② 30代
   ③ 40代
   ④ 50代以上
2. 性別　①男　②女
3. 国籍　①日本国籍
   ②（　　　　　）国籍

※外国の方にうかがいます。
①日本での滞在期間（　　　　）年
②日本語能力試験　（　　　　）級合格

Ⅱ. 学校で受け取るプリントについて

1. お子さんは何人いますか。

①保育園 （　　）人　②小学校 （　　）人

③中学校 （　　）人　④高校 （　　）人　⑤その他 （　　）

2. お子さんの持ち帰るプリントをどのように読んでいますか。

①丁寧にすべてを読み、大事なところをメモします。

②丁寧にすべてを読み、メモはしないがマーカーで線を引いたりします。

③一通り目を通し、大事なところをメモします。

④ざっ目を通し、メモはしないがマーカーで線を引いたりします。

⑤大きな字、下線部、数字（日時や時間、金額）などだけ見ます。

⑥ほぼ読みません。

⑦全く読みません。

3. 下記の学校プリントできちんと読むものを選んでください（複数可）

①学校だより

②学級だより

③ PTA 関係

④イベント関係

⑤チラシ（学校相談室、自然教室など）

⑥給食だより

⑦（学校、学童クラブなどからの）緊急連絡事項

⑧保健だより

⑨学童クラブのたより（ひまわり、など）

⑩その他（　　　　　　　　　　　　）

4. プリントの内容について、特に注目する項目を選んでください（複数可）

①日時

②金額

③提出期限

④持ち物

⑤場所

⑥※マーク

⑦時間割

⑧学校行事（学年歴）

⑨お金に関するお知らせ（授業で必要なものの購入，学校徴収金，口座振替など）

⑩学校からのお願い

⑪献立・給食・食育関係

⑫学内のアンケート結果のお知らせ

⑬家庭学習について

⑭学校が行うイベント

⑮地域が行うイベント

⑯マナー

⑰健康関係（風邪や病気、生活習慣など）

⑱学習関係（方法、レベル、定着度、テストなど）

⑲出欠に関する部分（切り取って学校に提出する部分）

⑳その他（　　　　　　　　　　　　　　　　　　　　　　　）

5.　プリントの形式について、特に注目する項目を選んでください（複数可）

①タイトル及びサブタイトル

②［　　　　　］で囲んである部分

③下線が引いてある部分

④冒頭部（プリントの説明）

⑤具体的なデータを示す図や表、写真やイラスト

⑥カラーコピーのプリント

⑦白黒のプリント

⑧紙質（わら半紙か上質紙か，ツルツルしている紙，インクジェットか等）

6. あなたのお子さんが学校からプリントを何枚も持ち帰りました。プリントのタイトルを見て、一瞬で読むか読まないかを判断できますか。

①はい　　②いいえ

	プリントのタイトルの性質	読む	読まない
a	子ども本人と直接関係のあるプリント (「学力定着試験の結果のお知らせ」「生活習慣の調査」など)		
b	親と学校（またはクラス）と関係のあるプリント (「学習参観のご案内」など)		
c	PTA 関係のプリント (「地域委員選出のご案内」、「PTA 総会のご報告」など)		
d	地域と関係のあるプリント (「校区文化祭の出演者募集のお知らせ」など)		
e	親が必ず反応する必要があるプリント (保護者会への出欠の提出や家庭訪問、アンケートなど)		
f	学校以外が主催する任意参加のイベントの案内 (「防災キャンプ」「自然体験学習」など)		
g	学校か PTA が主催の任意参加のイベントの案内 (「読み聞かせ講座のご案内」、「花いっぱい運動のお知らせ」等)		
h	役所からのお知らせ (「保護者相談室」、「就学援助のお知らせ」など)		
i	基礎知識を親に提供するプリント (インフルエンザの予防法や適切な食べ物の摂取についてなど)		
j	その他 (　　　　　　　　　　　　　　　　　　)		

①はい　の場合、どのような内容であれば、読みますか、または読みませんか。該当する記号にチェックしてください。

②いいえ　の場合

どこを見て、どんな基準で、読むか読まないかを一瞬で判断することができると思いますか。

7. 外国人の保護者が学校プリントを読みたいです。しかし、漢字にふりがなが振ってあっても、プリントを読むことができません。簡単に読むコツ、プリントの重要性を見分けるコツ、また読み飛ばすスキルなど、みなさんがプリントを読む時の秘訣を教えてください。

付録 3　中国人家庭における学校カルチャー語彙の使用状況

	A さんの家庭	B さんの家庭	C さんの家庭	分類
授業参観	参观上课	J	参观上课	中国語訳
始業式	开学式	J	开学典礼	中国語訳
体操服	体操服	体操服	体操服	中国語読み
連絡帳	联络本	J	J	中国語訳・J
懇談会	家长会	恳谈会	恳谈会	中国語訳・読み
修学旅行	毕业旅行	修学旅行	修学旅行	中国語訳・読み
学習参観	参观学习	参观学习	参观学习	中国語訳
学校行事	学校活动	学校活动	学校活动	中国語読み
給食費	饭费	给食费	午饭钱	中国語訳
通学路	通学路	上学的路	去学校的路	中国語訳
鍵盤ハーモニカ	吹风琴	J	J	中国語訳・J
自然学校	自然学校	自然学校	自然学校	中国語読み
個別懇談会	个人面谈	个人面谈	和老师谈话	中国語訳
献立表	学校菜谱	菜单	菜谱	中国語訳
開放プール	学校游泳教室	学校的游泳池	学校的泳池开放	中国語訳
集団登校	通学班	登校班	J	中国語訳・J
クラブ活動	J	J	J	J
家庭学習	家庭学习	家庭学习	家庭学习	中国語読み
時間割	课程表	课程表	课程表	中国語訳
委員会活動	J	PTA	J	J
校外学習	校外学习	校外学习	校外学习	中国語読み
避難訓練	避难训练	J	J	J・中国語読み
給食当番	J	J	午饭值日	J・中国語訳
就学援助	J	就学援助	就学援助	中国語読み・J
給食開始	开始给饭	J	开始有午饭了	中国語訳・J
学級委員	J	学级委员	J	J・中国語読み
校区内	学区内	校区内	校区内	中国語読み
学校便り	プリント	お手紙	プリント	別の日本語
蟯虫検査	蛲虫检查	蛲虫检查	蛲虫检查	中国語訳
給食試食会	J	J	J	J
書き初め会	J	J	J	J
子供会	J	J	J	J
赤白帽子	红白帽儿	红白帽子	体育课的帽子	中国語訳
給食袋	给食袋	J	J	J・中国語読み

	A さんの家庭	B さんの家庭	C さんの家庭	分類
朝読書	读书时间	J	J	J・中国語訳
プール開き	开始游泳	开始游泳	开始游泳	中国語訳
学童保育	J	あいキッズ（学童保育の名前）	学堂	中国語訳・J
安全マップ	安全地图	地图	地图	中国語訳
手提げ袋	布袋	J	袋子	中国語訳・J
自由研究	自由研究	J	J	J・中国語読み
世帯配布	一家一份	J	J	J・中国語訳
職員室	办公室	J	J	J・中国語訳
職業体験	职业体验	职业体验	职业体验	中国語読み
資源回収	回收资源	J	回收资源	中国語訳・J
習字バッグ	J	毛笔字用具	J	J・中国語訳
飼育小屋	小兔子屋	学校养小动物的地方	养小动物的屋子	中国語訳
自由服	便服	自己的衣服	随便穿	中国語訳
集金日	交钱的日子	收钱的日子	交钱的日子	中国語訳
道具袋	工具袋	道具箱	J	中国語訳・J
上履き	室内鞋	J	J	J・中国語訳

付録4 外国人向けの情報作成及び発信のためのチェックリスト

フロー	ステップ	チェック項目	補足（理由・具体例など）
全工程で確認	情報収集をする	□過去の事例を調べて参考にしたか	
	見直しをする	□誤字／脱字はないか	
		□複数回確認を行ったか	
考えを整理する	目的を明確にする	□発信する目的を定めたか	
	具体的な対象者を決める	□外国人の属性を網羅したか	（例）性別、年齢、国籍など
		□対象となった外国人と関わり持ちうる日本人の属性を網羅したか	・外国人は身近な日本人を頼る傾向がある ・外国人を支援している個人や団体等から間接的に情報が伝わることもある
	掲載内容を決める	□対象者のニーズを把握したか	
		□差別的な表現を避け、中立性を保ったか	
		□個人情報などのプライバシーを保護したか	
		□同一の事物に対する概念が国や人により異なる可能性があることを考慮したか	（例）「不要不急」等の統一された基準のない言葉、災害へのイメージなど
		□問い合わせ先や問い合わせ方法を明記したか	・必要に応じて最新の情報や詳細を提供できるようにするため ・受信者の声を把握するため
伝達手段を決める	情報受信者への配慮	□発信する情報へのアクセシビリティに留意したか	（例）交通アクセス、情報自体の入手しやすさなど
		□自身又は組織のSNSアカウントやウェブページに辿り着いてもらえることを意識したか	
		□情報取得の際に使用される媒体やツールを考慮したか	・外国人はFacebookのコミュニティやYoutubeなどから情報を取得する傾向が強い
		□利用用途に即した媒体やツールを選択したか	
	配布方法／掲載場所を決める	□紙媒体を使用する際は、直接受信者に渡すことを念頭に置いたか	・受信者は自ら紙媒体を利用しようとする傾向が低いため
		□第三者を通じて間接的に情報が伝わることを想定したか	（例）外国人支援者、関連団体、支援機関、職場、キーパーソン、コミュニティなど

※ 付録4は、コラム「学校プリント作成時のチェックリスト」（p.198）の執筆者のうち、阿部・石井・河崎・白神・清家・松浦の6名が、2020年度に山口大学国際総合科学部に提出したPBL最終報告書の成果の一部（pp.90-91）であり、同時に、様々な資料を参照しながら作成したものである。

伝達手段を決める	配布方法／掲載場所を決める	□インターネット上に掲載する際は階層化を避け辿り着きやすいように工夫したか	・アイコンやQRコードを活用して情報に辿り着きやすくなる
		□複数の媒体やツールを利用した情報発信を検討したか	（例）紙媒体の情報をウェブ上でも公開するなど
	言語を決める	□対象者の使用言語を意識したか	・一概に国籍のみで言語を決定しないよう注意する
		□日本語は、一般的に使用される日本語とやさしい日本語の2種類を用意したか	・「やさしい日本語」とは一般的な日本語をわかりやすく言い換えたものである。
翻訳する	翻訳する	□翻訳者が原文の意図を正確に理解しているか	
		□随時翻訳者と連絡が取れる体制を整えたか	・翻訳者と細かいやり取りを行うため
		□固有名詞が翻訳されていないか	
		□日本語を併記したか	・全て外国語だと日本人や支援者が理解できない可能性がある
やさしい日本語の作成	やさしい日本語の作成	□一文を短くしたか	
		□可能な限り箇条書きにしたか	
		□日本特有の用語などには説明を付け足したか	（例）お宮参り、居留守、鏡餅、引きこもり、あられなど
		□曖昧な表現を避けたか	（例）～ご遠慮ください →～しないでください ～でも結構です→～できます AでもBでもCでも →A、B、Cの中から ※「なるべく」「できれば」など、程度のはっきりしないものは使用しない
		□結論を先に述べたか	
		□カタカナ語を避けたか	
		□受身形／否定形を使用していないか	
		□熟語での表現を避けたか	（例）待機→待つ、危険→危ない、閲覧→見るなど
		□小学校低学年が理解できる難易度の表現にしたか	
		□主語と述語は対応しているか	
		□漢字に振り仮名を打ったか	・読みやすく、理解されやすい

やさしい日本語の作成	やさしい日本語の作成	□文節ごとに空白を入れたか	（例）文章に「ネ」や「サ」を入れて区切れる箇所に空白を入れる
	翻訳しやすい日本語の作成	□ふりがなや空白を使用していないか	・機械翻訳の妨げになるために避けた方が良い
見た目を整える	興味・関心を惹きつける工夫をする	□誰に向けられた情報なのかが一目で分かるようにしたか	（例）目の付きやすい場所にタイトルや使用言語、国旗などを記載する
		□文字情報に偏っていないか	・文字情報が多いと読まれにくくなる
	イラストを使用する	□文字情報に加えイラストやグラフ、写真等を活用したか	
		□日本独自の記号を使用する際は補足情報を加えたか	（例）地図記号など
	差別的表現を避ける	□人物のイラストや写真は特定の人種に偏らないように配慮したか	・ピクトグラムなどを用いると誤解を防げる
	誤解を防ぐ	□日本語と外国語を併記する際は、翻訳であることが推測できるよう工夫したか	（例）翻訳文の文頭に言語名や国旗を併記する
		□和暦ではなく西暦を使用したか	（例）令和元年→ 2019 年
		□年月日や曜日の表記方法を省略していないか	（例）2021/01/06（水）→ 2021 年 1 月 6 日（水曜日）
		□時間は 24 時間表記にしたか	
発信後の確認	機械翻訳を想定する	□文章等をコピー＆ペーストができるようにしたか	
		□文字の上に図や記号等が重ならないように配慮したか	・カメラ翻訳する際に文字が認識されず読み取れない
発信後の確認	発信した情報を確認する	□文字化けしていないか確認したか	
		□情報が伝わったかどうか確認できる体制を整えたか	・改善に繋げるため

付録5　学校プリントのサンプル　改善例［1］

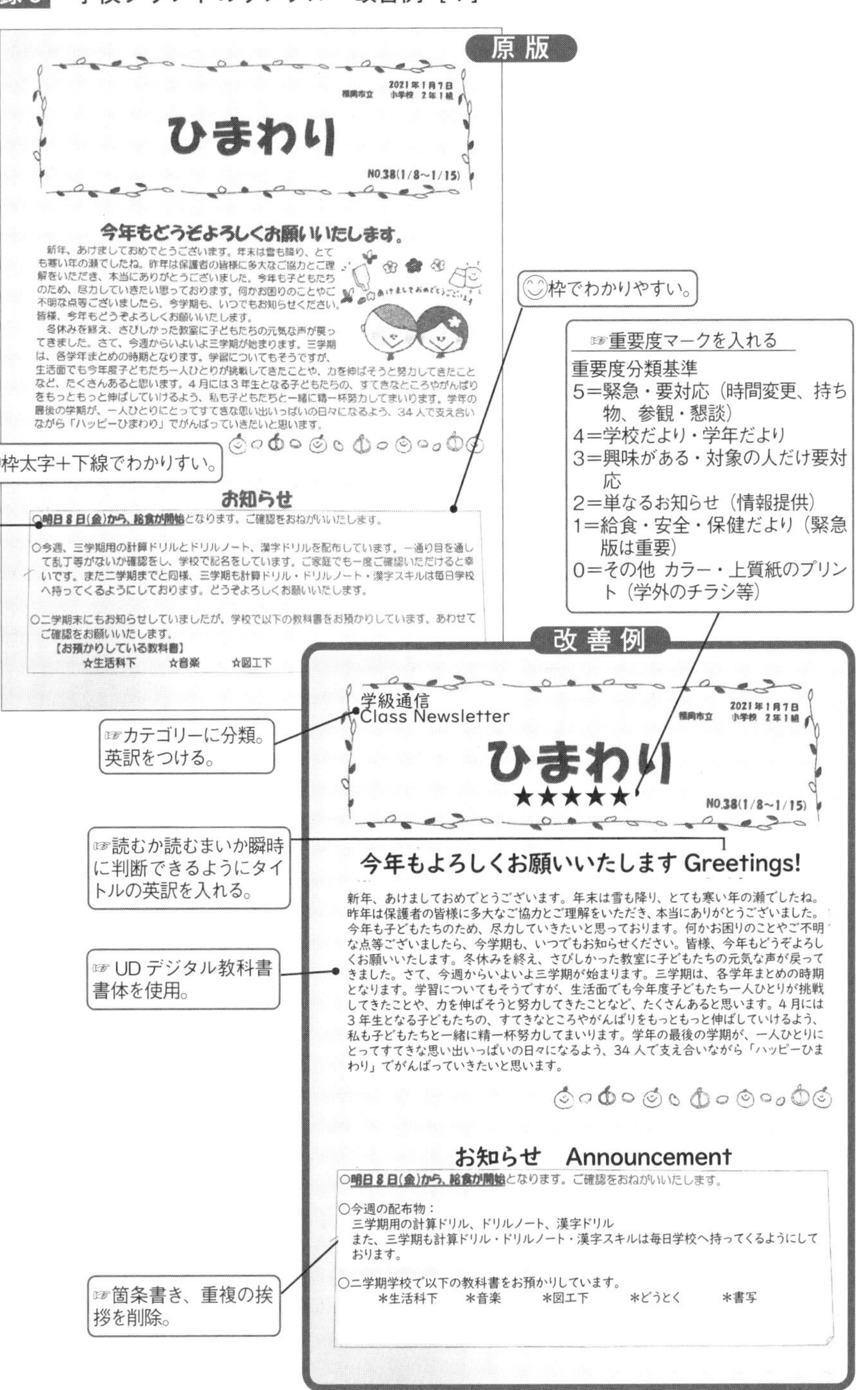

原版

福岡市立　2021年1月7日　小学校　2年1組

ひまわり

NO.38(1/8～1/15)

今年もどうぞよろしくお願いいたします。

新年、あけましておめでとうございます。年末は雪も降り、とても寒い年の瀬でしたね。昨年は保護者の皆様に多大なご協力とご理解をいただき、本当にありがとうございました。今年も子どもたちのため、尽力していきたい思っております。何かお困りのことやご不明な点等ございましたら、今学期も、いつでもお知らせください。皆様、今年もどうぞよろしくお願いいたします。

冬休みを終え、さびしかった教室に子どもたちの元気な声が戻ってきました。さて、今週からいよいよ三学期が始まります。三学期は、各学年まとめの時期となります。学習についてもそうですが、生活面でも今年度子どもたち一人ひとりが挑戦してきたことや、力を伸ばそうと努力してきたことなど、たくさんあると思います。４月には３年生となる子どもたちの、すてきなところやがんばりをもっともっと伸ばしていけるよう、私も子どもたちと一緒に精一杯努力してまいります。学年の最後の学期が、一人ひとりにとってすてきな思い出いっぱいの日々になるよう、34人で支え合いながら「ハッピーひまわり」でがんばっていきたいと思います。

お知らせ

○**明日８日（金）から、給食が開始**となります。ご確認をおねがいいたします。

○今週、三学期用の計算ドリルとドリルノート、漢字ドリルを配布しています。一通り目を通して乱丁等がないか確認をし、学校で記名をしています。ご家庭でも一度ご確認いただけると幸いです。また二学期までと同様、三学期も計算ドリル・ドリルノート・漢字スキルは毎日学校へ持ってくるようにしております。どうぞよろしくお願いいたします。

○二学期末にもお知らせしていましたが、学校で以下の教科書をお預かりしています。あわせてご確認をお願いいたします。
【お預かりしている教科書】
☆生活科下　☆音楽　☆図工下

😊枠でわかりやすい。

😊枠太字＋下線でわかりすい。

☞重要度マークを入れる

重要度分類基準
5＝緊急・要対応（時間変更、持ち物、参観・懇談）
4＝学校だより・学年だより
3＝興味がある・対象の人だけ要対応
2＝単なるお知らせ（情報提供）
1＝給食・安全・保健だより（緊急版は重要）
0＝その他 カラー・上質紙のプリント（学外のチラシ等）

改善例

学級通信
Class Newsletter

福岡市立　2021年1月7日　小学校　2年1組

ひまわり

★★★★★

NO.38(1/8～1/15)

今年もよろしくお願いいたします Greetings!

新年、あけましておめでとうございます。年末は雪も降り、とても寒い年の瀬でしたね。昨年は保護者の皆様に多大なご協力とご理解をいただき、本当にありがとうございました。今年も子どもたちのため、尽力していきたいと思っております。何かお困りのことやご不明な点等ございましたら、今学期も、いつでもお知らせください。皆様、今年もどうぞよろしくお願いいたします。冬休みを終え、さびしかった教室に子どもたちの元気な声が戻ってきました。さて、今週からいよいよ三学期が始まります。三学期は、各学年まとめの時期となります。学習についてもそうですが、生活面でも今年度子どもたち一人ひとりが挑戦してきたことや、力を伸ばそうと努力してきたことなど、たくさんあると思います。４月には３年生となる子どもたちの、すてきなところやがんばりをもっともっと伸ばしていけるよう、私も子どもたちと一緒に精一杯努力してまいります。学年の最後の学期が、一人ひとりにとってすてきな思い出いっぱいの日々になるよう、34人で支え合いながら「ハッピーひまわり」でがんばっていきたいと思います。

お知らせ　Announcement

○**明日８日（金）から、給食が開始**となります。ご確認をおねがいいたします。

○今週の配布物：
三学期用の計算ドリル、ドリルノート、漢字ドリル
また、三学期も計算ドリル・ドリルノート・漢字スキルは毎日学校へ持ってくるようにしております。

○二学期学校で以下の教科書をお預かりしています。
＊生活科下　＊音楽　＊図工下　＊どうとく　＊書写

☞カテゴリーに分類。英訳をつける。

☞読むか読むまいか瞬時に判断できるようにタイトルの英訳を入れる。

☞ UD デジタル教科書書体を使用。

☞箇条書き、重複の挨拶を削除。

■学校プリントのサンプル　改善例［2］

原版

学校だより

令和2年11月2日
福岡市立　小学校
校　長
（8学級　児童数　名）
第8号（11月）

豊かな心・たくましい心身・かしこい子ども

オリンピック2020　開催

10月23日（金）前日の雨がウソのような当日は少々肌寒かったですが、好天の中、運動会代替の　オリンピック2020が、欠席者ゼロの全校児童参加、スローガン「絆」のもと開催されました。先生方は朝早くから会場の準備で天手古舞でした。おとなの会(6年生保護者)を中心とした保護者は、コロナ感染予防のため、参観保護者対応に協力していただきました。誠にありがとうございました。

まずは、欠席者ゼロの全校児童が参加できたことに、喜びを感じています。これもひとえに、子どもたちの頑張りと、先生方の不断の努力と、保護者の皆様のご協力があっての賜物であります。深く感謝申し上げます。

行事とは、ただ行えばよいというものではありません。前準備があり、本番までの繰り返しの練習を行い、その中で子どもたちはいろいろな人間関係を経験し、たまにはモメたり、うまくいったり―そして多少の不安・期待など緊張感の中、本番を迎えます。成功することも大切ですが、一番大切なことは、その日に向けて、準備をし、毎日毎日継続した努力をして、自分がそして学級のみんなが日々成長していくことを実感する経験が大切です。自分はできるんだという自信をつけさせることが重要です。この　オリンピック2020は、　小学校の子どもたちが、さらなる成長を遂げる良いきっかけになっています。さあ～学習面・生活面共にますます成長するために、自分磨きをしましょう。「継続は力なり」

思いやりのある学校にしよう　ふりかえり

1日2日で思いやりのある学校にすることはできません。人に思いやりをもって接するには、普段から相手のことをよく観察し、相手がどんな状態なのか考えてみる。といったちょっとした努力が必要でしたね。　オリンピック2020を経験することで、日頃からそうした「気配り」ができる子どもたちが増えつつあります。練習中でも本番でもお友達を一生懸命応援する姿はまさしく「思いやり」です。とっても素晴らしいことだと思います。

11月以降もその気持ちを忘れずに、続けてほしいと思い

①人に接するときは「笑顔」で　②自分の周りの人や

③小さなことでも「ありがとう」の一言を伝えることが

④いったん落ち着いて相手の事情を聴くことができる。

今日からま

青少年作品コンクールで　受賞！！

（習字の部）銀　賞　4）　（絵画の部）銅　賞

入賞おめでとうございます

😊枠でわかりやすい。

☞文章が長いため、英語で「サマリー」を入れる。
全文を訳すと紙面が増えることと情報伝達の漏れがあることを考えて、タイトルのみ英訳するか、長い文章の英文のサマリーをつけるかをお薦めしたい。それをヒントに全文を読む必要があると判断された場合は、翻訳アプリが使える。

☞白黒の写真はよく見えない。イラストを使用するか、別の写真にする。写真は別途データを保護者限定で公開したら良い。

☞保護者向けではなく生徒向けのメッセージになっている。保護者に向けたメッセージのほうが分かりやすい。
例）がんばった子どもたちをたくさん褒めてあげてください。

改善例

学校だより
Scholl newsletter ★★★★

令和2年11月2日
福岡市立　小学校
校　長
（8学級　児童数　名）
第8号（11月）

豊かな心・たくましい心身・かしこい子ども

オリンピック2020　開催

10月23日（金）前日の雨がウソのような当日は少々肌寒かったですが、好天の中、運動会代替の　オリンピック2020が、欠席者ゼロの全校児童参加、スローガン「絆」のもと開催されました。先生方は朝早くから会場の準備で天手古舞でした。おとなの会(6年生保護者)を中心とした保護者は、コロナ感染予防のため、参観保護者対応に協力していただきました。誠にありがとうございました。

まずは、欠席者ゼロの全校児童が参加できたことに、喜びを感じています。これもひとえに、子どもたちの頑張りと、先生方の不断の努力と、保護者の皆様のご協力があっての賜物であります。深く感謝申し上げます。

行事とは、ただ行えばよいというものではありません。前準備があり、本番までの繰り返しの練習を…まにはモメたり、う…番を迎えます。成功…準備をし、毎日毎日…ていくことを実感する…ことが重要です。この　オリンピック2020は、　小学校の子どもたちが、さらなる成長を遂げる良いきっかけになっています。さあ～学習面・生活面共にますます成長するために、自分磨きをしましょう。「継続は力なり」

A Word from the Principal: (SUMMARY)
The Sports Day was held successfully. Thank you very much. Continuation is power. Keep up the good work!

思いやりのある学校にしよう　ふりかえり Review

1日2日で思いやりのある学校にすることはできません。人に思いやりをもって接するには、普段から相手のことをよく観察し、相手がどんな状態なのか考えてみる。といったちょっとした努力が必要でしたね。　オリンピック2020を経験することで、日頃からそうした「気配り」ができる子どもたちが増えつつあります。練習中でも本番でもお友達を一生懸命応援する姿はまさしく「思いやり」です。とっても素晴らしいことだと思います。

思いやりいっぱい

11月以降もその気持ちを忘れずに、続けてほしいと思います。

①人に接するときは「笑顔」で　②自分の周りの人やその状況をよく見る

③小さなことでも「ありがとう」の一言を伝えることができる

④いったん落ち着いて相手の事情を聴くことができる。

今日からまた、実践していきましょう。

青少年作品コンクールで　受賞！！

（習字の部）銀　賞　小4）　（絵画の部）銅　賞　小2）

入賞おめでとうございます。

■学校プリントのサンプル　改善例［3］

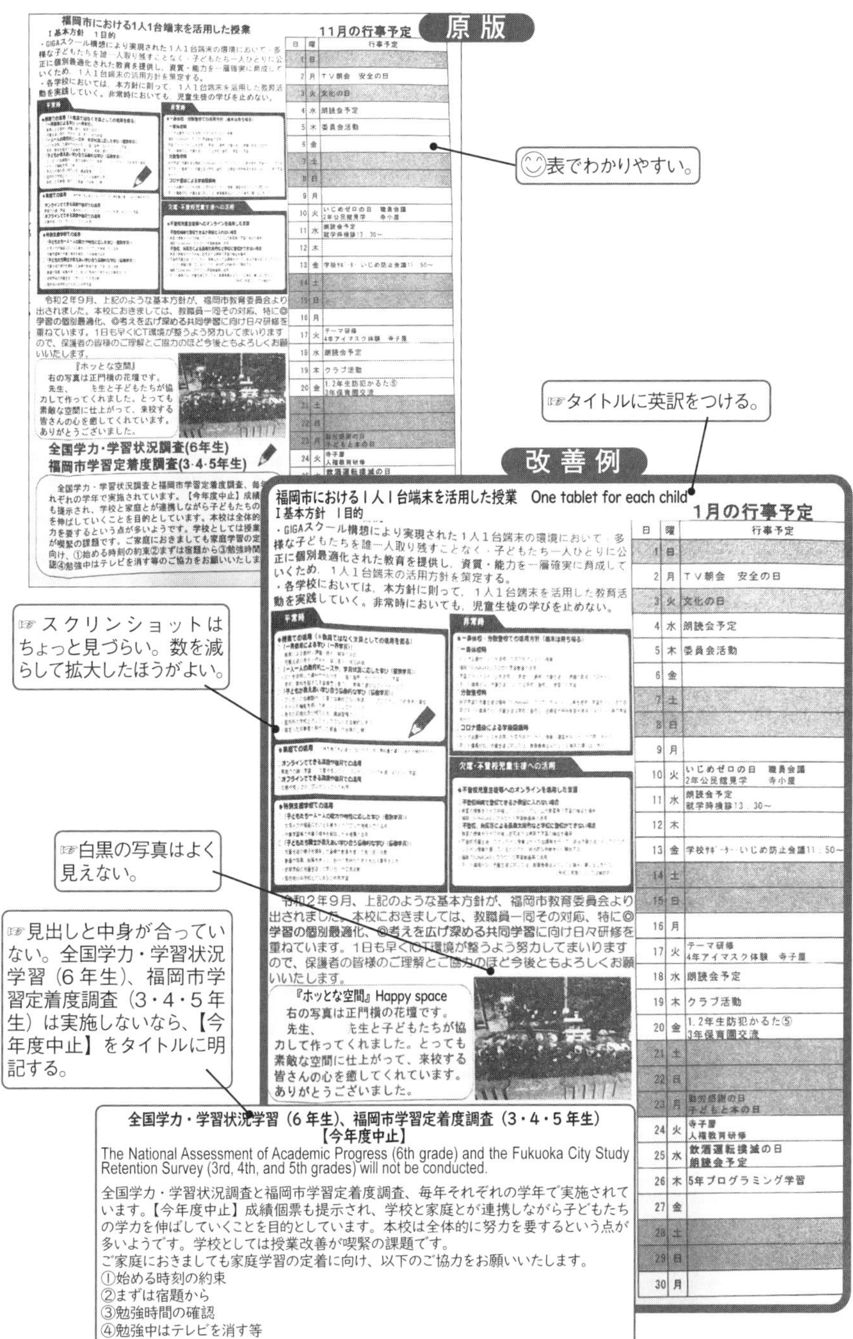

原版
改善例
😊表でわかりやすい。
☞タイトルに英訳をつける。
☞スクリンショットはちょっと見づらい。数を減らして拡大したほうがよい。
☞白黒の写真はよく見えない。
☞見出しと中身が合っていない。全国学力・学習状況学習（6年生）、福岡市学習定着度調査（3・4・5年生）は実施しないなら、【今年度中止】をタイトルに明記する。

福岡市における１人１台端末を活用した授業　One tablet for each child

Ⅰ基本方針　１目的

・GIGAスクール構想により実現された１人１台端末の環境において，多様な子どもたちを誰一人取り残すことなく，子どもたち一人ひとりに公正に個別最適化された教育を提供し，資質・能力を一層確実に育成していくため，１人１台端末の活用方針を策定する。

・各学校においては，本方針に則って，１人１台端末を活用した教育活動を実践していく。非常時においても，児童生徒の学びを止めない。

平常時　非常時　欠席・不登校児童生徒への活用

令和２年９月、上記のような基本方針が、福岡市教育委員会より出されました。本校におきましては、教職員一同その対応、特に◎学習の個別最適化、◎考えを広げ深める共同学習に向け日々研修を重ねています。１日も早くICT環境が整うよう努力してまいりますので、保護者の皆様のご理解とご協力のほど今後ともよろしくお願いいたします。

『ホッとな空間』Happy space

右の写真は正門横の花壇です。

先生、　　先生と子どもたちが協力して作ってくれました。とっても素敵な空間に仕上がって、来校する皆さんの心を癒してくれています。ありがとうございました。

1月の行事予定

日	曜	行事予定
1	日	
2	月	ＴＶ朝会　安全の日
3	火	文化の日
4	水	朗読会予定
5	木	委員会活動
6	金	
7	土	
8	日	
9	月	
10	火	いじめゼロの日　職員会議 2年公民館見学　寺小屋
11	水	朗読会予定 就学時検診13：30〜
12	木	
13	金	学校サポーター・いじめ防止会議11：50〜
14	土	
15	日	
16	月	
17	火	テーマ研修 4年アイマスク体験　寺子屋
18	水	朗読会予定
19	木	クラブ活動
20	金	1，2年生防犯かるた⑤ 3年保育園交流
21	土	
22	日	
23	月	勤労感謝の日 子どもと本の日
24	火	寺子屋 人権教育研修
25	水	飲酒運転撲滅の日 朗読会予定
26	木	5年プログラミング学習
27	金	
28	土	
29	日	
30	月	

全国学力・学習状況学習（6年生）、福岡市学習定着度調査（3・4・5年生）
【今年度中止】

The National Assessment of Academic Progress (6th grade) and the Fukuoka City Study Retention Survey (3rd, 4th, and 5th grades) will not be conducted.

全国学力・学習状況調査と福岡市学習定着度調査、毎年それぞれの学年で実施されています。【今年度中止】成績個票も提示され、学校と家庭とが連携しながら子どもたちの学力を伸ばしていくことを目的としています。本校は全体的に努力を要するという点が多いようです。学校としては授業改善が喫緊の課題です。

ご家庭におきましても家庭学習の定着に向け、以下のご協力をお願いいたします。

①始める時刻の約束
②まずは宿題から
③勉強時間の確認
④勉強中はテレビを消す等

索 引

■役立つ情報一覧

○文部科学省「かすたねっと」：外国につながりのある児童・生徒の学習を支援する情報検索サイト
https://casta-net.mext.go.jp/

○文部科学省外国人児童生徒のための就学ガイドブック：
英語、韓国・朝鮮語、ヴェトナム語、フィリピノ語、中国語、ポルトガル語、スペイン語、ウクライナ語の各言語別の就学案内
https://www.mext.go.jp/a_menu/shotou/clarinet/003/1320860.htm

○文部科学省海外子女教育、帰国・外国人児童生徒教育等に関するホームページ
https://www.mext.go.jp/a_menu/shotou/clarinet/main7_a2.htm

○小学校、中学校で使える対訳持ち物リスト（英語、中国語、韓国語）
https://g-lang.co.jp/blog/room/774/

○外国人児童生徒支援リソースルーム（愛知教育大学）
https://resource-room.nihongo.aichi-edu.ac.jp/#f

○ NPO 法人青少年自立援助センター
https://www.kodomo-nihongo.com/index.html

○北海道教育委員会　帰国・外国人児童生徒が生き生きと学校生活を送るために～受入れと指導のＱ＆Ａ～（令和４年３月改訂）
https://www.dokyoi.pref.hokkaido.lg.jp/hk/gky/kyouikukatei/kikokugaikokujin.html

○福岡市 JSL 日本語指導教育研修会　入学や編・転入学時に保護者へ説明するための文書
http://www.fuku-c.ed.jp/schoolhp/zsonihon/honyaku/honyaku.html

○桐生市国際交流協会　学校などの多言語通知文例紹介サイト
http://www.kiea.jp/useful_info.html

（上記、2023年2月17日閲覧）

■著者紹介

［編著者］

李暁燕（りぎょうえん） Part1 Part2 Part3

中国生まれ。九州大学共創学部准教授。著書『「多文化グループワーク」による言語と文化の創造学習―知識科学の視点から見るアクティブ・ラーニング―』（単著）（ココ出版, 2017）他。公益財団法人 博報堂教育財団「第10回児童教育実践についての研究助成」優秀賞受賞。

［執筆者］

Part2

平山智子（ひらやまのりこ） 小学校日本語教室教諭

大塚佳英（おおつかよしえ） 日本語指導員・地域ボランティア

池田芳江（いけだよしえ） 元福岡市日本語指導担当教員

竹熊尚夫（たけくまひさお） 九州大学 大学院人間環境学研究院 教授

竹熊真波（たけくままなみ） 筑紫女学園大学 文学部 教授

多田孝志（ただたかし） 金沢学院大学 教育学部長 教授

Part3

本田弘之（ほんだひろゆき） 北陸先端科学技術大学院大学 教授

森篤嗣（もりあつし） 京都外国語大学 外国語学部 教授

奥野由紀子（おくのゆきこ） 東京都立大学 人文科学研究科 教授

山本冴里（やまもとさえり） 山口大学 国際総合科学部 准教授

学校プリントから考える

外国人保護者とのコミュニケーション

2023年3月24日 第1刷 発行

［編著者］ 李暁燕

［発行人］ 岡野秀夫

［発行所］ くろしお出版

〒102-0084 東京都千代田区二番町4-3

tel : 03･6261･2867 fax : 03･6261･2879

URL : http://www.9640.jp mail : kurosio@9640.jp

［装丁］ 工藤亜矢子

［印刷］ 藤原印刷

ISBN 978-4-87424-940-6 C1081